山东省高峰学科（马克思主义理论）建设经费出版资助成果

中国青少年法治思维培养的历史解读

从《水浒传》管窥宋代法律制度

迟渼洪 韩晗 著

中国社会科学出版社

图书在版编目(CIP)数据

中国青少年法治思维培养的历史解读：从《水浒传》管窥宋代法律制度 / 迟渼洪，韩晗著. -- 北京：中国社会科学出版社，2025.4. -- ISBN 978-7-5227-4523-7

Ⅰ. D920.4

中国国家版本馆 CIP 数据核字第 2024CY0080 号

出 版 人	赵剑英
责任编辑	姜雅雯
责任校对	苏　颖
责任印制	郝美娜

出　　版	中国社会科学出版社
社　　址	北京鼓楼西大街甲 158 号
邮　　编	100720
网　　址	http://www.cssnw.cn
发 行 部	010-84083685
门 市 部	010-84029450
经　　销	新华书店及其他书店

印　　刷	北京君升印刷有限公司
装　　订	廊坊市广阳区广增装订厂
版　　次	2025 年 4 月第 1 版
印　　次	2025 年 4 月第 1 次印刷

开　　本	710×1000　1/16
印　　张	14
插　　页	2
字　　数	201 千字
定　　价	88.00 元

凡购买中国社会科学出版社图书，如有质量问题请与本社营销中心联系调换
电话：010-84083683
版权所有　侵权必究

目录 Contents

1 / 前　言

上篇　从水浒看宋代法律文化

3 / 第一章　从梁山好汉看绿林文化
17 / 第二章　从鲁智深看"行侠仗义"
26 / 第三章　从宋江看宋代吏胥制度
37 / 第四章　从晁盖看宋代保甲制度
50 / 第五章　从吴用看宋代编敕制度
63 / 第六章　从柴进看宋代八议制度

中篇　从水浒看宋代刑事犯罪

73 / 第七章　从卢俊义看"十恶重罪"之一
86 / 第八章　从杨雄看"十恶重罪"之二
101 / 第九章　从李逵看宋代七杀犯罪
111 / 第十章　从花荣看宋代窝藏犯罪
121 / 第十一章　从石秀看宋代教唆犯罪

· 1 ·

下篇　从水浒看宋代司法制度

137 / 第十二章　从杨志看宋代正当防卫制度

151 / 第十三章　从武松看宋代刑事审判程序

162 / 第十四章　从朱仝看宋代侦查制度

175 / 第十五章　从董平看宋代监察制度

188 / 第十六章　从林冲看宋代刺配制度

204 / 第十七章　从雷横看宋代监狱制度

215 / 参考文献

219 / 后记

前　言

《中国青少年法治思维培养的历史解读——从〈水浒传〉管窥宋代法律制度》是一部关注青少年法治思维培养的作品。"少年强则国强"，青少年的健康成长关乎国家与民族的未来，是社会实现进步的关键，而法治进步是社会进步的重要体现，是社会现代化的重要标志。因而，注重青少年法治思维的培养，对推进新时代社会主义现代化建设具有重要意义。我们坚持"法治是一种生活方式"的理念，同时，法治意识与思维的培养需久久为功，要从青少年时期就着力培养学生的法治思维。教育不是简单地说教，需要以合适的方式实现寓教于乐的目标，为此，我们选择用解读文学作品的方式来实现法治思维的培育。

文学作品往往反映时代风貌，亦蕴含着当时社会的法律制度。作为四大名著之一的《水浒传》，是研究宋代社会文化制度的重要材料，其中不乏宋代法律制度的细节。然而，俗语有言，"少不读水浒"，是因为青少年血气方刚而又缺乏辨别与自控能力，容易受到水浒人物的不良影响。水浒题材的相关资料的确存在暴力、反法治的因素，尽管存在所谓的"官逼民反"之"义"，但很难一概归为"义"字。禁止与回避都不能解决问题，尤其是在移动通信终端日益普及的当下，水浒题材的影视作品、文字著作，乃至电子游戏都已广泛普及，因而，以合适方式引导青少年"读水浒"才是治本之策。

尽管宋代社会制度与法律规定与今日已经千差万别，但社会生活

的场景却总是面临着相似的境地，正所谓，"历史总是惊人的相似"。为此，本书选取《水浒传》"三十六天罡星"中的16个代表人物，分析相关人物的主要行为与事件，解析宋代司法制度的背景，运用现代法治思维与刑法知识加以评析，以趣味而不失严谨的方式实现道德与法的启示和教育！

在具体篇章的安排中，本书分为上、中、下三篇。上篇着重对宋代法律文化和绿林文化的发展与演变进行分析。从鲁智深为人处世的特点分析行侠仗义的社会风气的演变，从宋江的押司身份出发分析宋代胥吏制度所展现的"污吏"文化，从晁盖担任的保正职务出发分析宋代基层治理的特点，从吴用在招安过程中所起到的关键性作用分析记载招安的编敕活动的特色，从柴进所享有的"丹书铁券"分析宋代"八议"制度的特色。

中篇则着重分析宋代的刑事犯罪，从卢俊义被逼反的经历看十恶重罪中的危害国家安全类犯罪，从杨雄杀妻的行为看十恶重罪中破坏家族伦理关系的犯罪，从李逵的"杀人"行为分析宋代的七杀犯罪，从花荣窝藏宋江来看宋代的窝藏犯罪，从石秀怂恿杨雄杀掉潘巧云看宋代的教唆犯罪。

下篇则对宋代的相关司法制度进行分析，从杨志杀牛二一事入手分析宋代的正当防卫制度，从武松的司法经历分析宋代的刑事审判程序，从朱仝的办案过程看宋代的侦查制度，从董平的都监职务分析宋代的监察制度，从林冲的发配经历分析宋代的刺配制度，从雷横看管监狱的过程分析宋代的监狱制度。

本书试图在历史与现代、法律与实践之间进行穿梭，找寻青少年法治思维培养的新方式，增强青少年运用法治思维和法治方式解决现实问题的能力。

上篇 从水浒看宋代法律文化

第一章　从梁山好汉看绿林文化

"王侯将相、才子佳人、名伶雅士、绿林好汉"是中国古代文学作品的典型形象。其中,"王侯将相、才子佳人、名伶雅士"是古代文学作品中的一条主线,与之相对,"绿林好汉"则构成另一条主线,尤在民间盛行。《水浒传》作为绿林文化的典型代表作品,其所体现的侠义文化精神值得我们关注。

梁山好汉作为一个群体性的人物经典形象,在《水浒传》第二回"王教头私走延安府,九纹龙大闹史家村"开篇中就提及,"此殿内镇锁着三十六员天罡星,七十二座地煞星,共是一百单八个魔君在里面"①,由此按照天罡星36星、地煞星72星来排定;第七十一回"忠义堂石碣受天文,梁山泊英雄排座次"则排定了众星位次。② 观察梁山好汉一百单八将,出身、性格品行、人生经历各不相同,聚义梁山的事由更是五花八门,其中,高官小吏、贩夫走卒、市井小民、和尚道士等各不相同,但在梁山泊之上,他们共同聚在"替天行道"的大旗之下,实现了在信念上的某种统一,从此意义上而言,梁山好汉可以视为绿林阶层中的一个典型代表。

---

① (明)施耐庵、罗贯中:《水浒传》(上),人民文学出版社1997年版,第16页。
② (明)施耐庵、罗贯中:《水浒传》(下),人民文学出版社1997年版,第925—928页。

一 "绿林好汉"的称号缘起

根据《辞海》对"绿林"一词的解释：新莽末年，王匡、王凤等聚众起义，占据绿林山（今湖北大洪水），号称"绿林军"。后称聚集山林，武装反抗封建统治、诛锄恶霸土豪的好汉为"绿林"。亦用指群盗股匪。

由此可见，"绿林"的概念大致出现在西汉末年农民起义，彼时王莽把持朝政，先杀汉平帝立两岁幼童刘婴为帝，后又废刘婴自立为帝，改国号"新"。王莽登基之后，试图采取一系列改革措施缓和当时日趋激烈的社会矛盾，史称"王莽改制"或"王莽新政"。与其篡位的"决绝"相比，王莽的改革则显得颇为"癫狂"。针对西汉末年土地兼并、流民膨胀、苛捐杂税沉重等流弊，王莽试图力挽狂澜，但他有一种理想化、异常执着的复古情结。客观来讲，王莽推行改革的出发点是好的，针对政治、经济、军事等方面提出了一系列改革方案：其一，仿照《周礼》的制度推行新政，以王田制为名，恢复上古时期的井田制，将耕地重新分配，更改官制与官名，改革币制，废止奴隶制度，刑罚、礼仪、田宅、车服等仪式均恢复西周时代的模式。其二，建立五均赊贷（贷款制度）、六筦政策等。但这一系列理想化的改革方案从一开始就注定不会有好的结局，因为"在经济上，他以《周礼》讲的封建初期的井田制度来解决当时的土地问题，用不准买卖人口来解决奴婢问题，前者是复古，后者仅仅是形式上的规定，自然都行不通。以小易大、用轻换重的钱币改革，再配合五均赊贷，使人民不论在交易或贷款中，都遭受深重的剥削。在政治上，王莽也一味地'矫托天命、伪作符书'来实施官名、地名的更改，频繁琐碎，只能造成无聊的纷乱，毫无实际意义。很明显，王莽在政治上和经济上的一切改革措施，无不给人民带来严重的灾难，除了成为全国农民大起义的导火索之外,别无可取之处"[①]。由此,改革不仅没有解决西汉以来的各种流弊,反而激起了全国此起彼伏的起义浪潮,赤眉军起义与绿林军起义就在此时爆发。

公元7年,王匡、王凤领导的农民军人数已达八千余人,占据绿林山(位于湖北省京山市绿林镇),把此作为根据地,不断壮大队伍,对抗王莽政权,由此被称为"绿林军"。公元21年,王莽派兵围剿绿林军,双方于云杜县交战,绿林军大胜,史称"云杜之战"。得胜之后的绿林军获得极大的发展,鼓舞了其他地方的农民起义,并刺激地主豪强阶级加入起义的队伍之中,其中就包括东汉开国皇帝光武帝刘秀。公元23年,尚持正统观念的绿林军在清阳立刘玄为帝,恢复汉朝称号,确立年号为"更始"。经过长时间征战,公元23年9月,义军攻入洛阳、长安,王莽被杀身亡,标志着"新"朝覆灭,起义最初目标完成。但正如历史上农民起义失败的原因一样,进入长安的更始政权迅速腐化并陷入内斗之中,并未对当时还未结束的分裂割据状态展开战略谋划,这使绿林军很快陷入分崩离析的状态,并逐步湮没在各方势力的征伐之中,以至于最终失败。

然而,绿林军的出现体现了反抗强权压迫的精神,且起义坚持的时间较长,波及地域广泛,涉及人数众多。绿林军起义从公元7年起兵到公元25年刘秀称帝,持续近20年,其间,不断发展壮大,人数达几十万人,而且随着各地义军的加入,绿林军,在民间留下广泛的影响,随之,"绿林好汉"被用来代指英雄豪杰。

二 绿林文化的"异化"现象

中国古代社会,在君主专制的压迫之下,走投无路的民众若选择反抗压迫顺势起义,就成为"起义军",如陈胜吴广起义、绿林军起

---

① 徐志祥:《建国以来王莽研究的回顾与展望》,《齐鲁学刊》1988年第1期。

义、赤眉军起义、黄巾起义、太平天国运动等。值得注意的是,官僚地主阶级的压迫是封建社会的常态,所谓的"盛世"在2000多年的封建社会也不过是一种罕见状态,只是压迫的强度不同。并不是所有走投无路的民众的反抗都形成具有典型意义的农民起义,很多规模不大的反抗民众或许就成为啸聚山林的土匪。此外,很多犯罪者为了躲避法律的制裁,也在走投无路之下加入土匪行列,这些啸聚山林的土匪往往也为了标榜正当性而强调"官逼民反"之迫。但作为一个阶层,"绿林"在中国传统社会阶层中属于一个独特的存在,正如有学者所言:"作为一个社会阶层,绿林土匪无论是在自成一军后,还是在胚胎状态时,都与社会的政治有着千丝万缕的联系。但它的政治特征既非一成不变,又非铁板一块,而是随着其出现原因的不同和形态变化,呈现出不同的政治色彩来。具体来说,那些贵族化的侠士和为统治者所利用的保镖、刺客,在政治上是权贵们的附庸,不仅不能代表绿林文化的政治特征,反而是绿林文化的耻辱。在聚啸山林的绿林豪杰中,情况也不一样。一部分人有着明确的政治口号和政治目的,他们的一切活动都受这些口号和目的支配。历史上大部分农民和市民起义及暴动,都属于这一类;另有一些山大王没有什么政治目的,只是把打家劫舍作为一种生存和职业。这种土匪在旧中国多如牛毛,有些与农民起义也相互转化。"[1]

换言之,"绿林"这一名词往往具有多重指代意思,既指聚集山林,武装反抗封建统治、诛锄恶霸土豪的好汉,亦可指群盗股匪。我们在评判绿林文化或精神之时,应当始终持有一种辩证思维。

一方面,对其中具有反抗封建压迫的斗争精神应当予以肯定,"由绿林起义产生的绿林精神,是留给我们华夏子孙一笔宝贵的精神财富,她与中华民族的儒家文化息息相通,构成了绿林文化的主干。在将近

---

[1] 宁稼雨:《〈水浒传〉与中国绿林文化——兼谈墨家思想对绿林文化的影响》,《文学遗产》1995年第2期。

2000年的漫长历史中,绿林文化被不断弘扬,先后出现了张角、窦建德、黄巢、王小波、宋江、方腊、朱元璋、李自成、张献忠、洪秀全等数十次大规模农民起义。每一次农民起义,都把历史向前大大推进一步"①。

另一方面,绿林文化在漫长的历史发展过程中出现了"异化",对自我标榜为"绿林好汉"的群盗股匪则应当批判,尤其以现代视角观之,对其中暴力、反法治的宣扬则应坚决抵制。以《水浒传》中的几位人物为例,一是地微星矮脚虎王英,该人物可算为"梁山好汉"中的代表性人物。根据《水浒传》第三十二回"武行者醉打孔亮,锦毛虎义释宋江"中描写的王英的过往经历:"原是车家出身,为因半路里见财起意,就势劫了客人,事发到官,越狱走了,上清风山,和燕顺占住此山,打家劫舍"②,就其行为而言,这完全是一种不义之举,赶车途中见到乘客富庶就顺带抢劫的行为,在任何历史阶段都是严重的刑事犯罪。

二是天竟星船火儿张横。《水浒传》第三十七回中张横自述犯罪经历道:"当初我弟兄两个只在扬子江边做一件依本分的道路。……我弟兄两个,但赌输了时,我便先驾一只船,渡在江边静处做私渡。有那一等客人,贪省贯百钱的,又要快,便来下我船。等船里都坐满了,却教兄弟张顺也扮做单身客人,背着一个大包,也来趁船。我把船摇到半江里,歇了橹,抛了钉,插一把板刀,却讨船钱。本合五百足钱一个人,我便定要他三贯。却先问兄弟讨起,教他假意不肯还我,我便把他来起手,一手揪住他头,一手提定腰胯,扑同地掸下江里。排头儿定要三贯。一个个都惊得呆了,把出来不跌。都敛得足了,却送他到僻净处上岸。我那兄弟自从水底下走过对岸,等没了人,却与兄弟分钱去赌。那时我两个只靠这件道路过日。"③毫无疑问,张横、张

---

① 江克关:《绿林起义与绿林文化精神》,《世纪行》2005年第6期。
② (明)施耐庵、罗贯中:《水浒传》(上),人民文学出版社1997年版,第422页。
③ (明)施耐庵、罗贯中:《水浒传》(上),人民文学出版社1997年版,第487—488页。

顺兄弟是十足的赌徒，而且为了满足赌博的嗜好，不惜私设船渡，在半渡的过程中设局宰客。回顾今日，这种与各地曝光的宰客事件相比，有过之而无不及，实属危害社会的严重行为，而从书中张氏兄弟二人对各自行为不以为耻、反以为荣的表现来看，此二人行为跟"义"毫无关联。

三是地暴星丧门神鲍旭。根据《水浒传》第六十七回"宋江赏马步三军，关胜降水火二将"中的描述："近日打听得寇州地面有座山，名为枯树山，山上有个强人，平生只好杀人，世人把他比做丧门神，姓鲍名旭"①，鲍旭的爱好是杀人，而且"只好"杀人。把杀人当成一种爱好，其穷凶极恶可见一斑，这就是彻彻底底的"悍匪"。

四是地空星小霸王周通。《水浒传》第五回"小霸王醉入销金帐，花和尚大闹桃花村"中借桃花庄刘太公之口描述周通强娶民女之事："老汉止有这个小女，今年方得一十九岁。被此间有座山，唤做桃花山，进来山上有两个大王，扎了寨栅，聚集着五七百人，打家劫舍。此间青州官军捕盗，禁他不得。因来老汉庄上讨进奉，见了老汉女儿，撇下二十两金子，一匹红锦为定礼，选着今夜好日，晚间来入赘老汉庄上。又和他争执不得，只得与他，因此烦恼"。②古代婚姻大事奉行"父母之命、媒妁之言"，尽管不能实现自由恋爱，但也不至于强娶，而周通只遵循自己意愿便要强娶，看似比王英等强抢民女的行为更为"客气"，但这只能说是一种虚伪。试想：刘太公若执意不同意这门亲事，其下场会是怎样呢？强娶刘太公之女又何谈与"替天行道""官逼民反"有关？

五是地刑星菜园子张青与地壮星母夜叉孙二娘。《水浒传》第二十七回"母夜叉孟州道卖人肉，武都头十字坡遇张青"中对此夫妇行为有过描述："小人姓张名青，原是此间光明寺种菜园子。为因一时间争

---

① （明）施耐庵、罗贯中：《水浒传》（下），人民文学出版社1997年版，第884页。
② （明）施耐庵、罗贯中：《水浒传》（上），人民文学出版社1997年版，第76页。

第一章 从梁山好汉看绿林文化

些小事,性起把这光明寺僧行杀了,放把火烧做白地。后来也没对头,官司也不来问,小人只在此大树坡下剪径。忽一日有个老儿挑担子过来。小人欺负他老,抢出去和他厮并,斗了二十余合,被那老儿一匾担打翻。原来那老儿年纪小时专一剪径,因见小人手脚活便,带小人归去到城里,教了许多本事,又把这个女儿招赘小人做了女婿。城里怎地住得?只得依旧来此间盖些草屋,卖酒为生。实是只等客商过往,有那入眼的,便把些蒙汗药与他吃了,便死。将大块好肉,切做黄牛肉卖,零碎小肉,做馅子包馒头,小人每日也挑些去村里卖,如此度日。"① 行文至此,令人不寒而栗,张青从事人肉买卖的导火索是自身因琐事杀人放火而走投无路,孙二娘则属于"继承家学"从事犯罪,实属穷凶极恶。而从犯罪对象来看,有三种人他们不加害,即"第一是云游僧道……第二等是江湖上行院妓女之人……第三等是各处犯罪流配的人"②,这三种人中,云游僧道与妓女还算是"弱势群体",而"各处犯罪流配的人"则令人难以理解,换言之,他们打劫的对象主要是较有钱的普通百姓。张青、孙二娘在犯罪动机、犯罪行为、犯罪对象等方面没有可谅解之处,均属于主动选择的"作恶"。

上述几位代表人物,其行为既非"仁",也非"义",却也号称"英雄好汉",其在任何时代都应当被批判,也很难称为"好汉"。在《水浒传》中,存在类似行为的人物不在少数。由此可见,绿林文化在发展过程中存在"异化"现象,很多穷凶极恶之徒,在行恶之后往往借用"绿林好汉"自我美化与标榜,因而对绿林文化应当结合具体情形进行区分。

三 招安思想:绿林文化的落后性

梁山好汉的"聚义"被视为农民起义的代表,是古代社会绿林文

---

① (明)施耐庵、罗贯中:《水浒传》(上),人民文学出版社1997年版,第363页。
② (明)施耐庵、罗贯中:《水浒传》(上),人民文学出版社1997年版,第363—364页。

化的典型代表,应当从整体上考察梁山起义的政治纲领。梁山故事的主线大致可分为三个阶段:啸聚梁山—替天行道—忠臣事主,这也隐含了宋江等人的政治思想。简言之,啸聚梁山是基础,替天行道为手段,忠臣事主为目的,其隐含目的则是以此实现荣华富贵。

首先,从啸聚梁山到替天行道阶段。这一转变的关键是宋江取代晁盖成为梁山首领。晁盖时期的梁山集团没有政治纲领,只是一群单纯的盗匪,且没有太鲜明的政治主张,主要就是打家劫舍,逃避官府,包括晁盖本人也主要展现出一个莽夫的形象。比如,在《水浒传》第六十回中,晁盖攻打曾头市,先是怒而发兵,继而轻信间谍,最终遭遇埋伏中毒箭身亡。① 相比较而言,宋江则在进入梁山泊之后逐步地阐释自己的政治主张,如《水浒传》第五十八回"三山聚义打青州,众虎同心归水泊"中宋江对呼延灼说道:"小可宋江,怎敢背负朝廷。盖为官吏污滥,威逼得紧,误犯大罪,因此权借水泊里随时避难,只待朝廷赦罪招安。不想起动将军,致劳神力,实慕将军虎威。今者误有冒犯,切乞恕罪。"② 类似的场景不止一次出现在宋江与他人的谈话之中,在正式全面地阐释其政治纲领之前,宋江便在不同的场合宣扬他的政治理念,而从其与呼延灼的交谈之中可见,面对朝廷官员,宋江不仅没有对李逵等人的俯视姿态,反而姿态较低地表达了一种被逼无奈落草,意欲接受招安的心态。但由于此阶段,名义上的"话事人"依然是晁盖,因而,宋江在此阶段更多的是个别性政治理念表达。

其次,从替天行道到忠臣事主。《水浒传》第七十一回"忠义堂石碣受天文,梁山泊英雄排座次"是较为集中地凸显梁山集团政治诉求的一处,描写宋江在忠义堂上对众人道:"今非昔比,我有片言。今日既是天罡地曜相会,必须对天盟誓,各无异心,死生相托,吉凶相救,

---

① (明)施耐庵、罗贯中:《水浒传》(下),人民文学出版社1997年版,第789—801页。
② (明)施耐庵、罗贯中:《水浒传》(下),人民文学出版社1997年版,第770页。

第一章 从梁山好汉看绿林文化

患难相扶,一同保国安民"①,之后其又立誓言,核心一句为"但愿共存忠义于心,同著功勋于国,替天行道,保境安民。神天察鉴,报应昭彰"②。此时,梁山座次刚定,人心大喜,众人未对此主张做过多表达,但在盟誓之后几日,宋江在聚餐上的一首《满江红》则直接暴露其政治目的,并在一定程度上引起了梁山内部的分裂,该词道:"喜遇重阳,更佳酿今朝新熟。见碧水丹山,黄芦苦竹。头上尽教添白发,鬓边不可无黄菊。愿樽前长叙弟兄情,如金玉。统豺虎,御边幅。号令明,军威肃。中心愿平虏,保民安国。日月常悬忠烈胆,风尘障却奸邪目。望天王降诏早招安,心方足。"③该词唱完,武松、李逵、鲁智深相继表达了对该主张的不满,宋江对众人解释道:"今皇上至圣至明,只被奸臣闭塞,暂时昏昧。有日云开见日,知我等替天行道,不扰良民,赦罪招安,同心报国,竭力施功,有何不美?因此只愿早早招安,别无他意"④,其结果为"众皆称谢不已"⑤。至此,接受招安成为梁山集团的政治纲领。

最后,成功获得朝廷招安。经历一段曲折的历程之后,宋江最终实现了接受朝廷招安的目标,《水浒传》第八十二回"梁山泊分金大买市,宋公明全伙受招安"描述了宿太尉到梁山泊招安的过程,宋江在此过程中"奴颜"尽显,如"萧让读罢丹诏,宋江等山呼万岁,再拜谢恩已毕。……宿太尉饮毕,再斟酒来,先劝宋江,宋江举杯跪饮。……宋江亲捧一盘金珠,到宿太尉幕次内,再拜上献"⑥,并最终到达东京汴梁,可谓荣誉加身,风头无两。

总体而言,宋江属于梁山泊中有城府与心机之人,整个招安过程的运作体现了他"君君臣臣"的思想底色。宋江将宋王朝这个腐败的

---

① (明)施耐庵、罗贯中:《水浒传》(下),人民文学出版社1997年版,第933页。
② (明)施耐庵、罗贯中:《水浒传》(下),人民文学出版社1997年版,第933页。
③ (明)施耐庵、罗贯中:《水浒传》(下),人民文学出版社1997年版,第934页。
④ (明)施耐庵、罗贯中:《水浒传》(下),人民文学出版社1997年版,第935页。
⑤ (明)施耐庵、罗贯中:《水浒传》(下),人民文学出版社1997年版,第935页。
⑥ (明)施耐庵、罗贯中:《水浒传》(下),人民文学出版社1997年版,第1061—1062页。

上篇　从水浒看宋代法律文化

朝廷一分为二，分为"圣君与奸臣"两种对立形象。宋江的逻辑是，徽宗圣明，只是被一群奸臣蒙蔽了双眼，导致吏治混乱，宋江选择"替天行道"，进而拨云见日，让皇帝认识到梁山集团的忠勇，最终获得认可。宋江的这种思想在古代绿林起义之中具有相当的代表性，招降纳叛几乎是每个封建王朝都会存在的事情，但问题在于：其一，这种招安思想本身就体现了"君君臣臣、父父子子"的封建纲常礼教，反抗的目的是招安，其隐含的心理则是通过招安变成统治阶级，进而成为可以压迫百姓的"新贵族"，这种局限性就注定所谓的起义不可能真正地坚持到底。

其二，混淆了君主与国家的关系。招安思想中也会提及"保民安国"等政治目标，但这里面的国家更多地等同于"朝廷"，而朝廷的核心自然是皇帝。孟子有言："民为贵，社稷次之，君为轻"，很显然，招安思想与古代相对进步的民本思想亦不相融。但此时的宋王朝，皇帝或朝廷与广大人民之间已经存在极大的对立与矛盾，所谓的"保民安国"也成为一句空话。实际上，接受招安后的宋江毫不犹豫地将屠刀砍向了同为农民起义的方腊起义，这种忠君思想的狭隘可见一斑。

其三，招安思想使得起义具有极大的局限性，也是导致起义最终走向失败的思想根源。宋江的忠君表现并未获得真正的信任，《水浒传》第八十二回"梁山泊分金大买市，宋公明全伙受招安"描述了宋江进京之后宋朝廷的反应："又说枢密院官具本上奏：'新降之人，未效功劳，不可辄便加爵，可待日后征讨，建立功勋，量加官赏。见今数万之众，逼城下寨，甚为不宜。陛下可将宋江等所部兵马，原是京师有被陷之将，仍还本处；外路军兵，各归原所；其馀之众，分作五路，山东、河北，分调开去，此为上策。'"[①] 与此同时，梁山集团在不断的南征北战过程中消耗殆尽，宋王朝最终也运用这种手段消除了心腹大患。

---

① （明）施耐庵、罗贯中：《水浒传》（下），人民文学出版社1997年版，第1070页。

四　青少年应树立正确的交友观念

对于青少年而言，应对绿林文化保持辩证态度，尤其在交友层面。青少年时期是一个人身体、心理、人格形成的关键时期。在这个阶段，青少年在生理上要经历青春期的变化，心理上要从依赖父母的幼儿期进入独立的少年期。但由于青少年自我意识还不够成熟，生活经验不足，在人际交往上容易出现各种问题，如：人际关系紧张，不能与人很好地交往；不能与人很好地相处，甚至对自己的父母都产生不信任感，也不信任别人；对自己的情感与行为缺乏坚定的判断和控制能力；自我评价过低，自卑心理严重等。这些问题的存在严重影响了青少年的健康成长，甚至会影响到他们今后人生的发展。因此，帮助青少年树立正确的交友观念是非常必要和迫切的。故应从以下几个方面引导青少年树立正确的交友观念。

（一）培养正确的自我意识

自我意识的发展是一个动态的过程，有其自身的特点。这个时期，他们正处于从自我中心到社会中心的过渡阶段，既有对自我认识的不断深入，也有对他人认识的不断扩展。他们从对自己的认识比较片面到开始认识自己、了解自己，对自己有了比较清晰、客观的认识。但他们也存在一定的片面性，在自我评价中往往过分强调自己的优点和长处，而忽视自身不足和缺点。在交友中，他们常常会夸大对方优点而忽略对方缺点；在与人交往中，往往会过分夸大对方的优点而忽视对方的缺点。因此，我们要帮助青少年客观、全面地评价自己，要树立正确的自我意识。

一方面要引导他们认识自己身上具有哪些优点和长处，并努力发扬；另一方面要教育青少年自觉地克服缺点和不足。我们可以通过榜样教育、自我反省等方法让青少年正确地认识和评价自己，培养正确

的自我意识。在交友中，青少年应该根据自身实际情况与朋友交往，尊重对方人格、爱好、兴趣等方面的差异。如果对方与你有共同爱好或相近之处时，你们可以成为好友；但如果对方与你没有共同爱好或相近之处时，就不要强求。

（二）引导青少年树立正确的交际观，学会处理人际交往中的矛盾

良好的人际关系是人生中最宝贵的财富，因此，要引导青少年树立正确的交际观，做一个有道德、有修养的人。一个人，只有具有高尚的道德情操，才能与朋友建立起深厚的友谊，才能在朋友中得到尊重和帮助，从而有利于自身健康的发展。反之，一个没有道德修养的人，会让人瞧不起，在交往中也难以得到别人的信任和尊重。因此，青少年要正确地看待人生中的各种交往关系，对待朋友要真诚、友善、宽容、谦让；对待异性朋友要平等、理解、信任和尊重；对待同性朋友要平等、友爱、团结和帮助；对待有困难的朋友要给予无私的帮助；对待不相识的朋友要学会拒绝。只有这样，才能建立起和谐、友爱的人际关系。

教育部门和学校要引导青少年正确地处理人际交往中的矛盾，培养他们良好的性格品质。在人际交往过程中，要引导青少年学会理解和包容别人，学会与人合作，在交往中寻求共同进步。如果有了矛盾和摩擦，要让他们自己来处理，让他们在处理矛盾和摩擦的过程中，学会如何处理人际关系。比如，当别人侵犯了你的权益时，要让他们认识到自己的错误并道歉；当别人对你的行为有看法时，要让他们懂得尊重别人；当别人说话不好听时，要让他们学会包容。在处理人际交往中的矛盾时，还要引导他们学会换位思考，从对方的角度去理解他人的想法和感受。只有这样才能使他们在交往过程中既学会尊重他人，也学会尊重自己。

第一章 从梁山好汉看绿林文化

(三) 引导青少年树立正确的择友观

青少年时期,正是人生观、价值观形成的关键时期。人生观和价值观的形成对人一生的发展起着重要的作用。因此,父母、教师要通过各种途径,帮助青少年树立正确的人生观、价值观。

一方面,要向青少年介绍一些有关人生观、价值观和世界观的书籍,如《毛泽东选集》《邓小平文选》等,使他们从中受到启发和教育;另一方面,还要培养青少年正确的世界观和价值观,指导他们在交友过程中坚持正确的原则。例如,帮助他们认识什么是朋友,朋友有哪些特征,什么是真正的朋友,等等。在具体实践中,父母要对青少年进行交友方法和交往技能训练,如教给青少年如何正确对待异性;如何正确处理与异性的关系;如何建立和发展友谊等。

对于青少年的交友问题,父母、教师还要注意观察、了解青少年与朋友在交往中所表现出的心理特点、行为方式。如果发现有异常行为或心理障碍时,要及时给予适当的指导和帮助。同时要培养青少年形成良好的人际交往习惯,增强他们在交友过程中自我保护能力,提高其人际交往技能。

(四) 青少年学会如何与人相处,正确对待同学关系

青少年在与人交往的过程中,要学会尊重他人,学会换位思考,学会宽容;学会理解别人的缺点和不足,尊重别人的人格;要懂得人际交往的原则,坚持平等、真诚、互相尊重、理解、宽容;要懂得怎样正确地处理与同学、朋友的关系;要懂得如何处理好与老师、家长的关系,形成良好的师生关系和家庭关系。青少年在学习生活中遇到问题时,要积极主动地向老师和家长请教;要学会向别人学习,与人友好相处;要尊重同学、老师和家长,以诚待人,与人方便。只有这样,才能赢得别人的信任和尊重。同时要学会自我调控情绪,保持良好的心理状态。首先要学会调节自己的情绪。在交往中难免会产生一

些不愉快的事情，这时就要控制自己的情绪。其次要学会自我暗示。告诉自己："我不会给人添麻烦""我是一个宽容大度、热情大方的人"等。当愤怒时，不妨提醒自己"我现在很生气"；当失望时，不妨提醒自己"我已经尽力了"；当烦恼时，不妨告诉自己"我应该冷静一下"。这样就能保持心理平衡和情绪稳定。

正确对待同学关系，这是青少年在交友过程中必须重视的问题。处理同学关系的原则，就是"团结"；处理同学关系的方法，就是"互助"；处理同学关系的态度，就是"尊重"。因此，青少年必须努力做到：一是善于倾听，多为他人着想；二是尊重他人，善待他人；三是宽宏大量，不斤斤计较；四是乐于助人，处处为他人着想；五是不说别人的坏话；六是不议论别人的隐私；七是不能侮辱别人的人格；八是不能因为一点小事就翻脸不认人；九是与同学要和睦相处，互相关心。

处理好与同学关系是青少年全面发展的重要保证，也是青少年走向社会参加工作必须具备的一项基本能力和素质。只有处理好与同学之间的关系，才能使青少年健康成长为一个全面发展的人，从而使他们在今后的学习和工作中不断地取得进步和成功；才能使他们在今后的人生道路上不断地取得新的成就，实现自己美好的理想和抱负。

第二章　从鲁智深看"行侠仗义"

行侠仗义是中国传统文学作品中所宣扬的重要精神之一，通俗地讲，"行侠仗义"就是一种秉持义气、舍己助人的精神。在《水浒传》的人物之中，鲁智深是一位公认的行侠仗义之人。故本章特选取鲁智深作为分析对象，分析"行侠仗义"这种现象与文化，以及这种文化现象对青少年的影响，并从法治视角加以阐释。

一　且问出处：鲁智深的性格行为分析

天孤星花和尚鲁智深，在水浒一百单八将中排名第十三，原名鲁达，"智深"是出家后的法号，因背后刺有花绣，人称"花和尚"。原本在渭州小种经略相公手下当差，任经略府提辖。因路见不平搭救金氏妇女，三拳打死镇关西，被官府追捕。逃亡途中，经赵员外介绍，到五台山出家当了和尚，智真长老赐名"智深"。因大闹五台山，智真长老让其去东京大相国寺。途中，和史进杀死丘小乙、崔道成，火烧瓦罐寺。后上梁山，落草为寇。征讨方腊时，亲手抓获方腊。最终在杭州六和寺圆寂，被朝廷封为"义烈照暨禅师"。

初见鲁智深，他"头裹芝麻罗万字顶头巾，脑后两个太原府纽丝金环，上穿一领鹦哥绿纻丝战袍，腰系一条文武双股鸦青绦，足穿一双鹰爪皮四缝干黄靴。生得面圆耳大，鼻直口方，腮边一部貉獠胡须。

身长八尺,腰阔十围"①,毫无疑问,鲁智深给人的第一印象一定是壮汉和尚,且非常凶悍。鲁智深的性格则是我们展开分析的关键,为了更好地分析其性格特征,特选取以下三个场景加以分析。

其一,茶坊借钱助金氏父子。鲁达在一个小茶坊里出场,当时他在茶坊里,因随身携带的银两不多(只有五两),向史进和李忠二人借钱。"看着史进道:'洒家今日不曾多带得些出来,你有银子借些与俺,洒家明日便送还你。'史进道:'直甚么,要哥哥还。'去包裹里取出一锭十两银子,放在桌上。鲁达看着李忠道:'你也借些出来与洒家。'李忠去身边摸出二两来银子。鲁提辖看了,见少,便道:'也是个不爽利的人。'鲁达只把这十五两银子与了金老……鲁达把这二两银子丢还了李忠。"②

其二,三拳打死镇关西。鲁智深疾恶如仇,粗暴冲动的性格特点可从该案中发现一二。《水浒传》对此描述道,鲁达先是挑衅郑屠夫,让其亲自切十斤精肉剁成肉馅,待切好后,又让他再切十斤肥肉剁成肉馅,待切完后,再让其切十斤寸金软骨,不能带肉。事情至此,郑屠夫明显感觉到鲁智深的敌意,便试探性地诘问鲁智深,鲁智深借机翻脸,双方打了起来,郑屠夫明显不是鲁智深的对手,被打在地上动弹不得,最终丧命。③

其三,仗义出手搭救林冲。林冲蒙冤被发配沧州,一路上有两个衙役押送,便是董超、薛霸,三人一行走到"野猪林",董超、薛霸欲杀掉林冲,因为"有那陆虞候传着高太尉钧旨,教我两个到这里结果你,立等金印回去回话。便多走的几日,也是死数。只今日就这里,倒作成我两个回去快些。休得要怨我弟兄两个,只是上司差遣,不由自己"④。就在千钧一发之际,鲁智深出现,只见"鲁智深扯出戒刀,

---

① (明)施耐庵、罗贯中:《水浒传》(上),人民文学出版社1997年版,第43页。
② (明)施耐庵、罗贯中:《水浒传》(上),人民文学出版社1997年版,第46—48页。
③ (明)施耐庵、罗贯中:《水浒传》(上),人民文学出版社1997年版,第49—50页。
④ (明)施耐庵、罗贯中:《水浒传》(上),人民文学出版社1997年版,第119页。

第二章 从鲁智深看"行侠仗义"

把索子都割断了,便扶起林冲,叫'兄弟,俺自从和你买刀那日相别之后,洒家忧得你苦。自从你受官司,俺又无处去救你。打听的你断配沧州,洒家在开封府前又寻不见,却听得人说监在使臣房内。又见酒保来请两个公人,说道:"店里一位官人寻说话。"以此洒家疑心,放你不下,恐这厮们路上害你。俺特地跟将来。见这两个撮鸟带你入店里去,洒家也在那店里歇。夜间听得那厮两个做神做鬼,把滚汤赚了你脚,那时俺便要杀这两个撮鸟,却被客店里人多,恐妨救了。洒家见这厮们不怀好心,越放你不下。你五更里出门时,洒家先投奔这林子里来,等杀这厮两个撮鸟。他倒来这里害你,正好杀这厮两个'"①。之后,在林冲的劝解下,鲁智深未杀掉董超、薛霸,且依然担心林冲的安危,"杀人须见血,救人须救彻。洒家放你不下,直送兄弟到沧州"②。

分析上述三个场景会发现,鲁智深这个人物的特点非常鲜明。鲁智深看到陷入困境的金氏父子,不仅同情而且不惜借钱资助,但是对于不愿借钱的李忠则极尽嘲讽,可以看出鲁智深爱憎分明的性格特点。当然,此处的"爱憎"更多的是鲁智深个人的好恶,对金氏父子的资助体现其豪爽,但对不顺从自己的李忠的表现又体现出其"过于自我",从此也可看出该人物的可爱之处。对于欺行霸市、欺男霸女的郑屠夫,鲁智深敢于出头,不惜以杀人为代价,让郑屠夫付出了惨重的代价。在当时的历史情况下,郑屠夫这种穷凶极恶之人未必能受到公权力的制裁,武力惩罚这种人具有一定的现实意义,但直接打死未免太过粗暴。对于兄弟林冲,鲁智深更是不惜跟随一路寻机解救,做出了"劫囚犯"这种事情,由此可见,鲁智深重义气、讲情分,且为了义气不惜犯罪。从鲁智深的这些行为分析,此人的性格特征是比较豪爽仗义、富有同情心,又有些粗暴冲动、不计后果。鲁智深身上所体

---

① (明)施耐庵、罗贯中:《水浒传》(上),人民文学出版社1997年版,第121—122页。
② (明)施耐庵、罗贯中:《水浒传》(上),人民文学出版社1997年版,第122—123页。

现出的特性，简而言之就是"侠义"，但问题在于，侠义或行侠仗义在漫长的历史发展过程中出现了不同的表现，其中有精华但也不乏糟粕，因而重看"侠义文化"就具有现实意义。

二 侠义文化：渊源及其本质

行侠仗义体现的是一种"侠义文化"，而追溯侠义文化的起源，那在我国可谓是源远流长。通常来说，侠义文化的思想根源来自墨家。春秋战国，是思想文化领域"百家争鸣，百花齐放"的黄金时代，各个流派纷纷著书立说，其中，比较有代表性的学说主要是儒家、法家、墨家、道家等。

儒家学说以"仁爱"为思想核心，试图恢复西周礼乐制度，推崇以仁爱之心处理社会关系，把"德""礼"作为统治的首要手段，反对统治者的苛政和暴政。只不过儒家所倡导的学说在当时并不合时宜，在礼崩乐坏、战乱频繁的时代，统治者更多地疲于征战，很难采纳"仁政"的思想。法家学说流派众多，但总体以"法制"为核心思想，希冀通过变法而富国强兵，主张"缘法而治""不别亲疏，不殊贵贱，一断于法""君臣上下贵贱皆从法""法不阿贵，绳不挠曲""刑过不避大臣，赏善不遗匹夫"等，与儒家学说形成鲜明对比。在当时的统治者来看，法家学说更为适宜，其倡导者纷纷进入列国的管理层，如李悝、吴起、商鞅、申不害、乐毅等，且当时都取得了不错的成果，尤以商鞅为代表，其变法主张获得了秦孝公的认可。商鞅围绕"战时状态"，采取了一系列改革措施，如废除世卿世禄制，建立军功爵制度奖励军功，同时阡陌封疆，奖励耕织，并配之以严苛的刑罚，使得整个国家与国民的生活围绕"耕"与"战"运作。毫无疑问，商鞅变法之后的秦国国力大增，并在"奋六世之余烈"的荣光之下统一六国。除此之外，产生于战国时期的墨家亦曾辉煌于一时，孟子评价："天下之言，不归于杨，即归墨"，墨家在一定时间内成为社会上的显学。墨家的代表人物是墨翟,该学说主张兼爱、非攻、尚贤、节用、明鬼、天志等。但遗憾的是,自汉武帝采纳董仲舒建议"罢黜百家,独尊儒术"后,儒家学说取得了独尊的地位,与此同时,法家学说也成为一种不言明的统治思想,即"外儒内法",而墨家学说随之陷入低潮,在主流思想流派中很难再出现。

墨家衰落并不代表其完全消亡,墨家思想中的"侠义"精神最终成为民间流行的侠义文化。《韩非子》卷十九《五蠹》中写道:"儒以文乱法,侠以武犯禁,而人主兼礼之,此所以乱也。"①"是故乱国之俗:其学者,则称先王之道以籍仁义,盛容服而饰辩说,以疑当世之法,而贰人主之心。其言古者,为设诈称,借于外力,以成其私,而遗社稷之利。其带剑者,聚徒属,立节操,以显其名,而犯五官之禁。其患御者,积于私门,尽货赂,而用重人之谒,退汗马之劳。其商工之民,修治苦窳之器,聚弗靡之财,蓄积待时,而侔农夫之利。此五者,邦之蠹也。人主不除此五蠹之民,不养耿介之士,则海内虽有破亡之国,削灭之朝,亦勿怪矣。"②法家对各家学说进行批判,也从侧面反映了墨家的特点,其中,"带剑者"就是指墨家学说的支持者,因为墨家信徒往往集合起来形成一种组织化团体,在当时"这些崇尚墨家文化观念的'侠客'凭借自己的武艺常常违反国家的禁令,在某种程度上可以说他们是依仗着自己心中的正义来反抗社会中的压迫,包括反抗国家机器,而墨家以一个学派的力量来违背整个国家的政治发展和建设,这也是其理论在汉代之后又不受重视的一个原因"③。从精神内核来看,墨家信徒崇尚"兼爱""非攻",以兴天下大利、除天下之害为己任,而要在实践中实现这种高度先进的人道主义目标,则需要"侠义"精神的支撑。具体到个人身上,侠义精神的体现就是"勇武",故"墨家侠义文化中的'勇'是

---

① 陈耀南导读,陈秉才译注:《韩非子》,中信出版社2014年版,第168页。
② 陈耀南导读,陈秉才译注:《韩非子》,中信出版社2014年版,第170页。
③ 王鑫:《浅析墨子的侠义文化》,《作家天地》2022年第32期。

以类似于'侠客'精神作为基础的"①。就思想源头来看，侠义文化的出发点是好的，体现了高度的人道主义精神与追求社会正义的美好愿望，但其中也体现出侠客在某种程度上的无政府主义，为了实现侠义不惜对抗政府。

此后，侠义文化在政府打压下艰难地发展，在历代的现实人物与文学作品中都有体现，比如，众所周知的唐代诗人杜甫，就被称为有侠客精神。"杜甫合儒、侠为心，以诗与史为形，侠心与诗心相融，诗与史合一。其侠义人格中，能体现其侠心的是侠忠、仁情和义行。在诗歌创作中，这种侠义人格精神表现为对国家的忠义、对人民的同情，对见义勇为、冀知报恩、豪爽任性等任侠精神的讴歌等。"② 而在历朝历代的文学作品中亦不乏体现"侠义精神"的作品，如《施公案》《三侠五义》《续小五义》《小五义》《续侠义传》《雍正剑侠图》等。时至当代，侠义文化更是随着武侠小说与相关影视作品获得了极大的发展，如金庸小说中的正面人物普遍可以视为侠义精神的代表。

客观而言，侠义文化的本质是积极正面的，其精神内核是对自由以及社会公平正义的追求，但在发展过程中，侠义文化产生的诸多"异化"亦不可忽视。尤其是侠义文化中存在的自由虚无主义，在一定程度上会演变成无政府主义，甚至是反政府色彩，这在《水浒传》中已经有较明确的体现。还是以鲁智深为例，其所谓的侠义就存在较大的问题。鲁智深的行侠仗义有三大特点：一是对公力救济的严重怀疑。鲁智深遇到社会不公与矛盾，首先考虑自力救济，很少考虑依靠公力救济，这本身就体现出其对公力救济的极度不信任。二是侠义行为存在反政府色彩。鲁智深的很多行侠仗义行为体现了对统治者的对抗，是通过行侠仗义对抗官府。三是缺乏基本理性，充斥暴力色彩。鲁智深行侠过程中的暴力色彩十分突出，但"侠客"维护正义并不总是诉

---

① 王鑫：《浅析墨子的侠义文化》，《作家天地》2022年第32期。
② 汪聚应：《杜甫的侠义人格与诗格》，《甘肃社会科学》2021年第4期。

第二章 从鲁智深看"行侠仗义"

诸暴力,侠义文化中存在"勇"的成分,不意味着要去崇尚暴力。

三 正确看待行侠仗义

回到当下,随着影视作品与电子游戏的普及,其中所宣扬的侠义文化对青少年产生了较大影响,但正如前文所说,侠义文化在不同的作品诠释中出现了不同的变化,乃至于很多不良文化也夹杂其中,对青少年产生不良影响。部分青少年由于尚未形成完整的人生观、价值观,对于"行侠仗义"存在错误的理解,不能正确辨别行侠仗义与违法犯罪,为了所谓"哥们义气"而一时冲动误入歧途的案例屡见不鲜。因为青少年犯罪多属于未成年人犯罪,很多案件属于不公开案件,故本书从各地司法机关官方网站与报道中选取部分公开案例加以分析。

案例一:"小李、小王、小罗(均为化名)等人是住同一宿舍的同学,感情很好。一天,小李等人相约偷偷在宿舍内喝酒,由于心情舒畅,不知不觉大家都喝得有点儿多。当晚12时,喝得醉醺醺的小李和小罗,无意间看到同宿舍的小王在走廊上和他人产生争执,于是,小李几人便二话不说,拿起棒球棍、空心钢管等工具上前为小王'两肋插刀'。最终,小李等人在宿舍走廊内闹事、随意殴打他人,导致被害人轻伤一级。"[1]

案例二:"2012年,16岁的云南少年小林因家庭经济困难,初中没读完就辍学来到东莞找工作,认识了14岁的河南少年小于和广西少年小杨。他万万没想到,就因为自己对这两个朋友讲糊涂义气,惹来了牢狱之灾。小于、小杨跟着家人在东莞生活,本来都在一所学校读初中。读书期间,两人认识了同学小王,因琐事跟小王发生过矛盾。不久,小于、小杨因无心向学便都辍学了。但两人对此前跟小王的矛

---

[1] 《在校学生醉酒后上演"兄弟义气",被判寻衅滋事罪获刑11个月!》,盘龙长安网,http://plzfw.km.gov.cn/c/2022-09-29/6232601.shtml,2024年3月18日。

盾仍耿耿于怀，想找机会把小王'教训'一下。2012年10月22日上午11时50分许，小于、小杨叫上小林，在东莞市大岭山镇大沙村红绿灯处等候放学回家的小王。小林随手带了一块玻璃。眼看小王经过，小林等三人遂上前对小王进行殴打。殴打过程中，小林用玻璃刺中小王左后腰部，玻璃断片残留在小王的体内。见小王流血，小林等人便逃离现场。案发当天和次日，小林等三人分别向公安机关投案自首。经法医鉴定，被害人小王所受损伤为重伤，伤残六级。"①

案例三："芜湖市公安局鸠江分局于2021年10月抓获一名涉嫌贩卖毒品的男子陈某，在侦查中发现陈某自己不直接向买家收取毒资，而是通过朋友进行。其中，刘某就帮助陈某收取毒资再通过一定方式转给陈某。刘某刚刚成年，一直认为陈某是其'江湖大哥'、自己也应该为'义气'帮忙，虽然明知陈某在贩毒，还是帮助陈某收转毒资，且从不索要报酬，殊不知已涉嫌洗钱罪。"

从上述案例可见，青少年往往由于秉持所谓"江湖义气""哥们义气"的观念，而实施暴力或违法活动，但却不能正确辨认和控制自己的行为，最终走上犯罪的道路。案例一与案例二中的少年，在朋友因生活琐事与其他人发生纠纷时，不仅没有及时出面化解矛盾，而是诉诸暴力解决问题，最终使自己面临刑事处罚。正如鲁智深虽然爱憎分明，豪爽资助陷入困境的金氏父子，对于不愿借钱的李忠则极尽嘲讽，但这种爱憎的判断依据是其个人的情感好恶。青少年同样容易依据"哥们情谊"的标准进行价值判断，对与自己或朋友发生矛盾的人施加暴力。这种看似义气的私力救济，不具备公平性、正义性，反而是对校园安全和社会秩序的破坏。遇到矛盾与纠纷应当首先寻求和平解决的方式，若解决不了应及时报警或诉诸其他有关部门，若在此过程中发现有违法犯罪行为的，应当及时告知公安机关。

---

① 《16岁少年为义气帮打架伤人获刑三年缓刑三年》，中国法院网，https://www.chinacourt.org/article/detail/2013/09/id/1084278.shtml，2024年3月18日。

第二章 从鲁智深看"行侠仗义"

案例三中的少年为了所谓的"义气",帮助他人洗钱,走上了一条犯罪的道路。究其原因,首先是存在错误的侠义观念,兄弟相助应当在法律允许的范围内,个人的情感不应凌驾于法律之上;其次是对违法犯罪认识不足,刘某无偿为"大哥"陈某收转毒资,却没有认识到即使未从中获益,也构成陈某贩卖毒品罪的帮助犯。因此,一方面,青少年遇到违法犯罪要对其性质有正确的评价,认识到违法犯罪行为对社会秩序、国家安定的破坏,不盲目以"兄弟情谊"掩饰违法犯罪的本质;另一方面,面对违法犯罪要有正确的处理方式,在保护好自己的前提下,及时报告国家机关,同违法犯罪行为做斗争。

第三章　从宋江看宋代吏胥制度

　　宋江，梁山泊的头把交椅，山东郓城人，人称"及时雨、呼保义、孝义黑三郎"，三十六天罡中对应星号是"天魁星"，在梁山众好汉中排名第一。"魁"为首意，宋江之所以成为梁山之首，是因其有笼络人心、使人归附之手段。《水浒传》第十八回描述宋江："眼如丹凤，眉似卧蚕。滴溜溜两耳垂珠，明皎皎双睛点漆。唇方口正，髭须地阁轻盈；额阔顶平，皮肉天仓饱满。坐定时浑如虎相，走动时有若狼形。年及三旬，有养济万人之度量；身躯六尺，怀扫除四海之心机。上应星魁，感乾坤之秀气；下临凡世，聚山岳之降灵。志气轩昂，胸襟秀丽。刀笔敢欺萧相国，声名不让孟尝君。"[①] 粗读《水浒传》，发现其多为宣扬宋江"忠""义"之品性，此人为刀笔小吏，仗义疏财，助人为乐，踌躇满志，孝顺长辈，与僚属为善，英名著称于江湖。细品《水浒传》，方察宋江"忠义"品性之后深藏大奸大伪之秉性，聚众谋反，对抗朝廷，杀人越货，掳掠妻小，横行霸道，罪行累累，名不副实，其行其言实难以为人称道。察其"忠义"的一生，目无法纪，聚众谋反，侵掠百姓，实令人不齿。私放晁天王之后的主要事迹都或多或少构成严重犯罪，按照宋朝法律《宋刑统》的规定，早当斩绞多次。《水浒传》一部英雄史，实为一部犯罪史，本章从宋江身份入手，以此分析。

---

① （明）施耐庵、罗贯中：《水浒传》（上），人民文学出版社1997年版，第225—226页。

第三章　从宋江看宋代吏胥制度

一　官僚吏役：传统官僚体系的构成

在上梁山之前宋江在郓城县做"押司"，这在梁山好汉之中是少数的"公务员群体"，但值得注意的是，押司是宋代官署吏员的职务，负责处理案牍等事。古代的公务员系统，可分为四个部分：官、僚、吏、役。"官"在古代主要是指官员或我们认知中的公务员。"僚"主要为"官"的幕僚，类似于智库的角色。吏普遍存在于各级衙门之中，负责文书或具体事务的执行，有时亦被称为"刀笔小吏"。"役"（又称"胥"）是指在衙门服务的里差役，主要负责站堂、缉捕、拘提、催差、征粮、押解等事务。"僚、吏、役"属于官员体系之外从事公务的人员，故有学者评价道，"他们是职业政治家而擅有专门知识的"[①]。就跟"官"的密切程度或地位高低而言，"僚"大于"吏"，"吏"高于"役"。

之所以会分为官僚吏役的格局，主要是由于古代的公务员选拔体系。自隋唐以后，官员选拔的主要途径就是科举，但科举选拔人才始终有限。以宋代为例，科举共开"进士科、武科、上舍释褐、明法科、博学宏词科、童子科、特奏名、特赐第等多种科目"[②]。相较于其他朝代，两宋开科取士人数均属于古代封建王朝之冠，但南北宋320余年间，共有118次科举考试，录取近4万人。[③] 这种文官规模对于我们这样一个广袤的统一多民族而言明显不够，不仅一般的中央机关存在人力资源不足的情况，基层依然如此，而且越到基层，官员配置越少，但基层工作依然需要处理，因而，古代各级衙门为了更好地行使权力，

---

① 钱穆：《中国历代政治得失》，生活·读书·新知三联书店2001年版，第126页。
② 周佳、汪潇晨、[日] 平田茂树：《〈宋代登科总录〉与宋代科举政策变化研究》，《浙江大学学报》（人文社会科学版）2017年第1期。
③ 参见龚延明、祖慧编著《宋代登科总录》，广西师范大学出版社2014年版，第7613—7769页。

便增加吏役职位，以补充官员人手的不足。就宋代而言，根据《宋史·职官志》所载，群牧司与临安府吏员皆有押司官，其名为官而实为吏。宋朝的吏主要经手税赋征收或者处理狱讼，押司主要是负责案卷整理工作或文秘工作的小吏，一般一个县有八个押司，属于书吏，也就是书写文书的人员。

毫无疑问，与"官"相比，"吏"在官方正史之中的"出镜率"相当之低，而且，"刀笔小吏"的称谓就是士大夫阶层对"吏"的歧视。但在实际工作过程中，吏的作用不可忽视，毕竟在一个衙门之中，吏远比官多，文书的具体处理与实务的执行主要依靠吏，而且官员主要是流官，多不是本地人，而吏大多都是本地出生土长的世系，甚至是子承父业。在某种程度上，一个地方可以一时无官，但不可一日无吏。古代由于交通不便，前任官员致仕到后任官员上任，中间可能会有较长的空白期，但在主官不上任的情况下，各个部门依然需要按部就班地运转，此时，吏作为部门里的常规设置就成为维持部门运转的核心。通俗地讲，在各种影视作品中经常出现的县太爷审案场景：县太爷端坐堂上，旁边分坐师爷与记录员，庭下两旁分立手持长板站堂的工作人员。其中，县太爷属于"官"，师爷属于官员自配的秘书与智囊，即"僚"，书写记录的就是"吏"，站堂的则为"役"。

二　上梁山前：一个微小押司的疯狂生活

吏在官僚体系处于一种相对弱势的地位，但是作为小吏的宋江似乎有着无穷的能量。观宋江一生，其主要事迹为私放晁盖，怒杀阎婆惜，大闹江州，三打祝家庄，攻打高唐州（救柴进），攻打青州（收服呼延灼，同桃花山、白虎山、二龙山的头领共聚大义），攻打华州（救史进和鲁智深），攻打大名府（救卢俊义），攻打曾头市（为晁盖报仇），攻打东平府（收服双枪将董平），支援攻打东昌府（帮卢俊义攻打东昌府并收服没羽箭张清），接受朝廷招安，征田虎和王庆，北征大

· 28 ·

辽，南征方腊，毒酒杀李逵，接受皇帝赐毒酒而亡。其一生的转折点在于怒杀阎婆惜，分界点在于上梁山泊。

在上梁山泊之前，宋江以押司身份为掩护所做的不法之事可分为两类：第一类是被迫上梁山泊的导火索。不能否认的是，的确有很多英雄好汉被当时黑恶的世道所逼而迫不得已投奔梁山以求自保，如林冲，本无犯罪之事实而被为非作歹的高太尉逼上梁山。然而，宋江之流纯粹是由于自己的犯罪行为无法摆脱才被"逼上梁山"，宋江上梁山的主要因由有：一方面，私通盗贼，怒杀阎婆惜。宋江为晁盖等劫生辰纲事件故意开脱，引火烧身，孝义黑三郎因此事件害怕阎婆惜将暗通贼盗之事公之于众，毁他前程，于是怒杀阎婆惜，这也成为宋江被逼上梁山的原因之一。深受理学熏陶的宋江对"忠义"二字看得非常重，即使在逼上梁山之后，依然摆脱不了理学之"忠义"的束缚，使浩浩荡荡的宋江起义以皇帝招安告终。在为皇权效力的过程中，众兄弟纷纷献出自己的生命，引发很多人对"忠义"二字的重新审视。另一方面，浔阳楼题反诗，流露谋反之意。宋江在江州浔阳楼上借酒诗兴大作，遂题反诗。《水浒传》第三十九回写道："自幼曾攻经史，长成亦有权谋。恰如猛虎卧荒丘，潜伏爪牙忍受。不幸刺文双颊，那堪配在江州。他年若得报冤仇，血染浔阳江口。心在山东身在吴，飘蓬江海谩嗟吁。他时若遂凌云志，敢笑黄巢不丈夫。"[1] 宋江以一罪身竟然不思悔改，心有怨恨，而且将自己与黄巢农民起义军领袖相提并论，此谋反之意昭然若揭。在当时皇权统治社会，谋反是非常严重的危害统治秩序的犯罪行为，当以处斩。这些行为是导致其上梁山的导火索，也是丢失押司身份的关键。

第二类则是以无所不能的及时雨形象所行的不法行为。这一类主要是指宋江借用押司身份而游走在黑色地带与灰色地带之间，其中，《水浒传》第十八回描述道，宋江的文字功夫不错，对作为吏胥的门道

---

[1] （明）施耐庵、罗贯中：《水浒传》（上），人民文学出版社1997年版，第511—512页。

非常熟悉，平时喜欢练练枪棒，结交社会上各路朋友，很多人遇难之时来投奔宋江，宋江对此也是来者不拒，尽心招待，竭力援助，总是能救人于危难之间。① 这段看似比较正面的描写本身也蕴含着问题，宋江出手阔绰，但押司的收入不会太高，而宋江的家庭情况是，"上有父亲在堂，母亲丧早，下有一个兄弟，唤做铁扇子宋清，自和他父亲宋太公在村中务农，守些田园过活"②，这表明宋江家族并未有足够的财力，而支撑其仗义疏财行为的财政基础在《水浒传》中并未言明，不禁让人怀疑宋江利用职务的便利、利用各种弊政为自己敛财。

而《水浒传》第十八回描写私放晁盖的这一段则把宋江黑白通吃、上下其手的特点展现得淋漓尽致。面对上级部门的工作人员，宋江利用押司身份套取工作内容，在不经意间问到何涛案情，得知要捉拿的几人之中有一人是东溪村的晁盖。③ 在得知官府要捉拿晁盖一行人之后，宋江的第一反应是吃惊，紧接着就想到，晁盖一旦被抓或许会丢掉性命。④ 之后，宋江丝毫没有在秉公执法与沆瀣一气之间纠结与徘徊，而是非常果断地选择了要对抗上级调查并酝酿相关的应对措施，他利用押司身份取得上级信任，让其先饮茶坐歇，并以家中有事为借口，迅速来到晁盖处，对晁盖告密，将要捉拿他的信息告知他，并劝他快逃。⑤ 也正因此，晁盖得以有所准备。值得注意的是，同在县衙为吏的朱仝也与宋江一样上下其手、徇私枉法，"朱仝在黑影里叫道：'保正休走，朱仝在这里等你多时。'晁盖那里顾他说，与同公孙胜舍命只顾杀出来。朱仝虚闪一闪，放开条路，让晁盖走了。晁盖却叫公孙胜引了庄客先走，他独自押着后。朱仝使步弓手从后门扑入去，叫道：'前面赶捉贼人。'雷横听的，转身便出庄门外，叫马步弓手分头

---

① （明）施耐庵、罗贯中：《水浒传》（上），人民文学出版社1997年版，第226页。
② （明）施耐庵、罗贯中：《水浒传》（上），人民文学出版社1997年版，第226页。
③ （明）施耐庵、罗贯中：《水浒传》（上），人民文学出版社1997年版，第227页。
④ （明）施耐庵、罗贯中：《水浒传》（上），人民文学出版社1997年版，第227页。
⑤ （明）施耐庵、罗贯中：《水浒传》（上），人民文学出版社1997年版，第229页。

去赶"①。就在这样的掩护之下,晁盖最终逃走。

正常而言,捉拿晁盖的有"马步弓手并士兵一百余人",只要保证缉拿行动的突然性,捉拿晁盖一伙本不是问题,正因为有以宋江为代表的书吏、以朱仝为代表的差役在其中上下其手、徇私枉法,导致精心策划的抓捕行动最终泡汤,晁盖一伙得以脱逃。这不禁让人感慨,看似不起眼的吏与胥在基层政治活动中到底起到何种作用。吏与胥往往合称为"吏胥"或"胥吏",对于宋代的吏胥制度可以认为,吏制更为完善,吏员的地位相对较低,但实际的能量则较高。② 为此,我们有必要以宋代为切入点,对吏胥制度,尤其是吏的发展历史进行分析。

三 书吏差胥：卑微而又关键的吏胥制度

吏胥制度的发展经历了一个漫长的过程,"比较明确的记载始自周朝,但当时的'吏'并不是指后来意义上的吏,而是指官。如：'天吏逸德,烈于猛火','天吏'即指'天官'"③。秦汉时期,随着汉代社会对"通经艺"的重视,依靠刀笔小吏技术当官的人越来越不受重视,所以,这一时期是吏制发展的一个重要的转折点,吏逐渐与职文官群体分离,虽然这种分离的过程持续到唐朝,但它却开始寻求自己相对独立的政治地位。魏晋南北朝时期,大量官吏沦为贱民,这显然不是正常情况,只是这种寻觅过程中的一种过渡性现象,究其原因,既与特定的时代背景有关,也与中国古代的政治制度不够完善有关。④ 而至唐代,"'官'与'吏'已有明确界限。吏胥的职掌、数额等皆有详细规定,这就标志着吏胥制度的形成。隋唐以后吏胥制度发展的特点是官与吏之间的界限继续扩大,吏胥的地位已跌落到庶民的地步。元代

---

① （明）施耐庵、罗贯中：《水浒传》（上），人民文学出版社1997年版,第232页。
② 林志华：《关于胥吏制度的几个问题》，《安徽史学》1992年第1期。
③ 赵世瑜：《吏与中国传统社会》，浙江人民出版社1994年版,第4页。
④ 赵世瑜：《吏与中国传统社会》，浙江人民出版社1994年版,第12—26页。

吏胥地位的提高，只是一种特殊现象。元代惩'宋亡于儒'之弊，重视吏能，却未能革除吏弊，以至'元亡于吏'。到明清两代，随着中国封建皇权的强化和专制政体的衰败，吏胥制度也发展到了极点。故清代有'与胥吏共天下'之说"①。

具体到宋代，吏胥制度到达了一个"膨胀"的阶段，"宋代的吏职名目繁多，如果泛称吏胥，则有孔目、曹司、令史、书吏、掌库、贴书、典库、吏人、役人、堂后官、录事、守当官、公人、主事、都事、主书、提点、书令史、胥佐、胥长、楷书、书手、押司、乡书手、人吏、贴司、弓手、手力、驱使官、勾押官、堂吏等多种称谓"②。宋江所担任的押司就属于其中的一种。就数量而言，目前尚无明确的记载，但有学者对此进行过考证，"中央各部门胥吏总数当在5000人上下。与唐代中央部门胥吏三四千人相比较，增加了20％至40％的吏额。……全国府、州、军、监、县各级地方衙门中狭义的吏额总数约在5.5万人，当然这是经制吏额，而且极不精确。但仍有一定的可信度，因为明代地方经制吏额也不过在5万人左右。又按前引福州及台州各县吏员与职役之比大约是1∶3到1∶4.5，则全国吏员加职役总数，即胥吏总数应为16万到24万这样的规模。梅原郡以每州有吏350人，共270个府、州、军、监；又县有吏100人，共1235县来计算，全国胥吏数当在22万人"③。与相对稀少的官员相比，吏胥阶层数量更为庞大。

吏胥的产生机制具有特色，从中央到地方，吏的选拔条件基本一致，"最早是由政府从'等第户'中拣选的，后来才允许自己报名。二是关于被拣选者或报名者的资格，首先要有产业，这主要是为了防范贫穷者充吏后会借职权之便贪污受贿以发财致富；其次是要'练于事'或'谙吏道'；再次是要有三人以上的推荐和担保；又次是要经过对书

---

① 林志华：《关于胥吏制度的几个问题》，《安徽史学》1992年第1期。
② 赵世瑜：《吏与中国传统社会》，浙江人民出版社1994年版，第72—73页。
③ 赵世瑜：《吏与中国传统社会》，浙江人民出版社1994年版，第86页。

算能力的测试。以上要求对于吏人及衙前以下的役人都是相同的,但对吏人,特别是正额吏人(史料称之'职级',即自孔目到押司这些人)要求更高一些。如果没人应募,最好是从旧的职级吏子侄中选拔"①。虽然条件很多,但总结起来大致三条:有家产、过考试、有推荐。"有家产"属于反腐败制度设计,"过考试"算是能力检测,"有推荐"则意味着背景加持。其中最重要的条件是"有推荐","所谓'枢密诸房文牍烦委,胥吏皆父兄保任,多不得人'。当然欲参充者也可自己报名,但也需要有人保荐。被保荐者或自动报名者的条件就不仅限于有家产和谙吏事了"②。若有人推荐,"有家产"条件便可放弃,考试不过也不被彻底淘汰,"如果不是凭自己本身的才学报名应试,而是由父兄官吏推荐保引的,经过简单的、形式上的审查——'呈验人才精神书札',然后送到各部门中去'习学公事',以后一旦有了吏缺,经过考试合格后便可补缺"③。

  这种选拔规定揭示了一个残酷的真相,吏胥阶层是一个更加封闭、更加特权化的阶层。官僚阶层的产生很大程度上依赖科举制度,至少选拔出来的官员的文化水平是比较出色的。尽管官僚士绅阶层拥有更加强大的资本让子弟接受更好的教育,但公平从不是绝对的,科举制度在当时的历史条件下能够实现相对的公平,而且从结果来看,尽管这种有限的阶层上下流动很难真正撼动封建地主阶级的垄断地位,但科举制度的确实现了贫民在一定程度上的阶层跃升。与之相对,吏胥的选拔则更为封闭,要进入吏胥队伍中,必须有人推荐,而这些推荐人很显然属于亲朋挚友,"吏员可以推荐保引自己的亲戚子侄试吏补缺,或者继承自己的位置。从统治者来说,吏职是一种专门技术,不经过相当长时间的实践是很难熟悉业务的,所以上述制度一方面是出

---

① 赵世瑜:《吏与中国传统社会》,浙江人民出版社 1994 年版,第 87 页。
② 赵世瑜:《吏与中国传统社会》,浙江人民出版社 1994 年版,第 88 页。
③ 赵世瑜:《吏与中国传统社会》,浙江人民出版社 1994 年版,第 88 页。

于'老鼠儿子会打洞'的考虑，父子兄弟可以'传帮带'，另一方面却等于为吏职的兄终弟及、父死子继打开了大门，成为一种吏员世家的特殊待遇"①。换言之，吏胥基本上不断地在这种狭小的圈子里进行更替，在某种程度上可以视为一种特权阶层。

吏胥作为一个特殊的阶层，其待遇有一定的保障，但差别也非常大。州级以上吏的俸禄不但由朝廷供养，还超出了中央官员俸禄的总额。就连县里的官员，每个月也会有点俸禄。当然，当地官员的福利要比朝廷里的高官们低很多，但要比衙役们好很多，衙役们为了维持生计只能自己想办法。在封建时代，相较于明清时代官员的低工资，宋代属于工资较高的朝代，但县以下吏胥依然没有很好的待遇保障，在这种情况下，舞文弄墨、上下其手去"搞钱"便成为广大吏胥阶层挖空心思要练就的本领。

总体来看，吏胥制度在宋代达到了一个成型化、体系化的阶段。古人对吏胥之弊有着清晰的认识，对吏胥之弊进行了大量的批判。② 从今天的视角来看，吏胥之弊最大的问题恐怕还是腐败，以及由腐败所衍生的低效率，吏胥凭借自己业务专业优势，在工作中"吃拿卡要"的问题并不鲜见。举一个较为显著的例子，清代重臣曾国藩平定太平天国之后，照例要到户部报销军费，在这一过程中，难就难在户部小吏的查账上，负责审核的小吏往往能够以不符合要求之名将报销退回，若小吏在其中滥用权力故意刁难，那报销将遥遥无期，而正式的"官"往往又不懂具体的流程，也不具备相关专业知识，而且由于收受下属小吏的贿赂，往往也会站在小吏一边，因而不起眼的刀笔小吏往往能让大事很难推进。③ 即便是战功卓著、对清王朝有重要贡献的曾国藩去报销依然不能免俗，因为军费报销规模庞大，按照以往比例，要交40

---

① 赵世瑜：《吏与中国传统社会》，浙江人民出版社1994年版，第306页。
② 参见王雪华《清代吏胥制度研究》，博士学位论文，武汉大学，2004年。
③ 洪振快：《清朝报销"潜规则"》，《领导文萃》2009年第9期。

万两的"部费",但考虑到数量过于庞大,双方讨价还价至8万两,后来"曾国藩向皇上递交了一份报告,请求军费报销免于审计。皇上出于对他们平定太平天国的卓越功勋,同意了他们的要求"①。按理说,免予审计之后这笔"部费"可以省去,但深谙吏胥之弊的曾国藩依然把这8万两"部费"给了户部的书吏,原因就在于,尽管这次免予审计,但日后与各部书吏打交道的地方依然很多,如若不给就意味着与整个吏胥集团对立,会为以后的工作带来很大的阻力。

但吏胥制度也并非一无是处,相比较于只会诗书琴画、向上钻营的官僚集团而言,吏胥们毕竟是处理具体事务的人才,尤其是在基层,与平民进行接触的主要是吏胥,因而吏胥阶层在古代的政治体制中不可或缺,而且由于吏胥处于实务工作的一线,其中有大量的应用型人才,正则为柱国,反则撼大厦,比较典型的代表如李自成。李自成原为银川驿站的差役,驿站被裁撤后,走投无路的李自成参与到造反大军中,最终打进北京,终结了明王朝的统治。

四 治理现代化:公职人员全方位管理体系的日趋完善

"差待遇""近亲化"是古代吏治腐败的诱因,从吏胥制度的利弊回看今日,加强对公职人员的全方位管理,是一个国家现代政治文明建设的重要组成部分,是实现政府治理体系和治理能力现代化的必然要求。近年来,随着《中华人民共和国公务员法》(以下简称《公务员法》)等法律法规的制定出台,我国公务员、法官、检察官等管理规范化制度全面建立。公务员管理制度和法律法规体系逐步完善,为公职人员的依法履职提供了有力保障。同时,随着我国社会主义民主政治建设的深入推进,各级人民代表大会及其常委会对公职人员管理监

---

① 洪振快:《清朝报销"潜规则"》,《领导文萃》2009年第9期。

督的职责不断加强，政府对公职人员管理监督的范围逐步扩大。在此基础上，我国公职人员管理体制改革取得了重大进展，基本形成了公职人员全方位管理体系。

在公务员的录用方面，根据《公务员法》第二十三条的规定，录用担任一级主任科员以下及其他相当职级层次的公务员，采取公开考试、严格考察、平等竞争、择优录取的办法。这就确保从录用源头上保障公平性，也意味着进入公务员系统都需要"逢进必考"。这在一定程度上避免了古代吏胥那种通过推荐而垄断职位的问题，有利于实现社会的公平正义。

在职业待遇的保障方面，根据《公务员法》第七十九条至第八十四条的规定，公务员实行国家统一规定的工资制度；贯彻按劳分配的原则；保持不同领导职务、职级、级别之间的合理工资差距等。从上述的规定可以看出，我国已经建立了相对完善的公职人员待遇保障体系，不存在古代吏胥制度那般低待遇或无待遇的情况，以至于逼迫各级吏胥挖空心思贪赃枉法，而今良好的职业保障在很大程度上消除了吏胥之弊的产生动力。

基层公职人员作为服务和管理群众的第一线，也是国家政策执行落实的最后一环，应不断提高自身的思想道德水平与业务执行能力，既要杜绝贪污腐败、越权滥权，也应避免"躺平式"不作为。一方面，反腐工作打虎拍蝇，基层公职人员"微腐败"不可忽视；① 另一方面，为了逃避责任，部分工作人员选择"躺平式"不作为，懒政、怠政现象同样危害国家政策的落实与执行。② 行政职能的缺位无法及时维护广大基层群众的合法利益，也有损党群关系的和谐。从长远来看，公职人员全方位管理体系日趋完善对于提升国家机关的工作效率，锻造一支高素质的干部队伍，是以中国式现代化推进中华民族伟大复兴的重要保障。

---

① 杜治洲：《改善基层政治生态必须治理"微腐败"》，《中国党政干部论坛》2016年第11期。
② 丁志刚、蒋月锋：《现代政府治理视域下的行政不作为及其治理》，《西南民族大学学报》（人文社科版）2017年第1期。

第四章　从晁盖看宋代保甲制度

晁盖为梁山泊的第二任寨主,绰号"托塔天王",山东郓城县东溪村人。晁天王出场是在《水浒传》第十四回,从对其的描述中可以发现晁盖有几个鲜明的特点:一是家境不错,起点较好。晁盖的祖上是县里的大户人家,家境的相对殷实使其生活较为从容,也为其很多性格特点、行为习惯奠定了基础。二是性格善良、乐于助人。晁盖最喜结交各路豪杰,凡是来投靠他的,他都会收留下来招待,走的时候还会赠送银两。三是不信鬼神、破除迷信。由于邻村有闹鬼的传说,邻村便修塔将鬼怪驱进晁盖管辖的东溪村,这就导致东溪村也发生动荡,不信邪的晁盖得知后勃然大怒,便夺过邻村的宝塔拿到东溪村,从此之后,大家都叫他"托塔天王"。[1]

一　人物分析:村中一霸"晁保正"

晁盖在上梁山泊之前的身份为东溪村"保正",他的很多犯罪行为是以"保正"身份为掩护而实现的。本章摘取"晁盖私放刘唐"的片段加以分析。

《水浒传》第十四回中写道:"却早雷横并土兵押着那汉,来到庄前敲门。庄里庄客闻知,报与保正。此时晁盖未起,听得报是雷都头

---

[1]　(明)施耐庵、罗贯中:《水浒传》(上),人民文学出版社1997年版,第174—175页。

到来，慌忙叫开门。……晁盖一头相待雷横吃酒，一面自肚里寻思：'村中有甚小贼吃他拿了，我且自去看是谁？'相陪吃了五七杯酒，便叫家里一个主管出来：'陪奉都头坐一坐，我去净了手便来。'那主管陪侍着雷横吃酒。……晁盖去推开门，打一看时，只见高高吊起那汉子在里面，露出一身黑肉，下面抓扎起两条黑魆魆毛腿，赤着一双脚。晁盖把灯照那人脸时，紫黑阔脸，鬓边一搭朱砂记，上面生一片黑黄毛。……晁盖道：'你来我这村中投奔谁？'那汉道：'我来这村里投奔一个好汉。'晁盖道：'这好汉叫做甚么？'那汉道：'他唤做晁保正。'晁盖道：'你却寻他有甚勾当？'那汉道：'他是天下闻名的义士好汉，如今我有一套富贵来与他说知，因此而来。'晁盖道：'你且住，只我便是晁保正。却要我救你，你只认我做娘舅之亲。少刻我送雷都头那人出来时，你便叫我做阿舅，我便认你做外甥。只说四五岁离了这里，今番来寻阿舅，因此不认得。'那汉道：'若得如此救护，深感厚恩。义士提携则个！'"[1] 晁盖与雷横吃饱喝足相别之时，看见被绑的刘唐，便如晁盖所说的表演一番，最终"雷横放了那汉，一齐再入草堂里来。晁盖取出十两花银，送与雷横道：'都头休嫌轻微，望赐笑留。'雷横道：'不当如此。'晁盖道：'若是不肯收受时，便是怪小人。'雷横道：'既是保正厚意，权且收受，改日却得报答。'晁盖叫那汉拜谢了雷横。晁盖又取些银两赏了众士兵，再送出庄门外。雷横相别了，引着士兵自去。"[2] 由此，一个司法案件的当事人就在晁盖的运作之下被放走。

晁盖作为一保之长，不但没有主动承担起庇佑辖区内百姓的职责，反而在发现盗贼的情况下，主动欺骗、贿赂负责抓捕的人员，最终私放盗贼，其中令人错愕之处在于，在整个国家权力体系中处于末端的保正，竟然能够有如此大的能量干预侦查，而且相关人员大开方便之

---

[1] （明）施耐庵、罗贯中：《水浒传》（上），人民文学出版社1997年版，第175—176页。
[2] （明）施耐庵、罗贯中：《水浒传》（上），人民文学出版社1997年版，第177—178页。

门,其能量之大可见一斑。这不禁令人深思:保正这一群体在宋代是怎样的存在?应该如何评价保正这一制度?本章立足于此展开分析。

二 保甲制度的由来与发展

以晁盖为代表的"保正"群体是宋代基层治理过程中的重要力量,这一制度始于北宋王安石变法,并延续至中华人民共和国成立之前,以保正为代表的基层公务人员是古代政权在基层治理的主要着力点。为此,笔者对保甲制度的发展进行初步梳理。

(一)保甲制度:古代基层治理的基础

保甲制度是中国古代的一项基层社会管理制度,始于北宋,至明朝形成了完备的基层组织体系。保甲制度是一种以血缘关系为纽带,以宗族势力为基础的社会管理形式,具有较强的政治色彩。宋朝统治者颁行《畿县保甲条例颁行》,该条例确立了基层管理的"保甲"制度,即在乡村设立保正职位,负责让乡村民户应役,帮助宋廷管理乡村。根据《畿县保甲条例颁行》的规定:各地农村住户,不论主户或客户,每十家(后改为五家)组成一保,五保为一大保,十大保为一都保。凡家有两丁以上的,出一人为保丁。农闲时集合保丁,进行军训;夜间轮差巡查,维持治安。保长和甲首都是由当地有威望的人担任。保甲制度在一定程度上保证了基层社会的稳定和秩序。在基层社会中,以宗族势力为基础的保甲制度是一种自治形式,但这种自治是在宗族势力存在的情况下进行的,在宗族势力衰弱甚至消亡时,这种自治就会演变为宗法制度下的父权家长制。

宋代的保甲制度在吸收以往基层管理制度经验的基础上,实现了跨越式的发展,相较于宋代以前的基层管理体系,保甲制度属于制度创新,而且从结果来看,宋代确立的保甲制度在日后几千年成为中国古代管理体系的主要制度。但是,由于缺乏系统的军事化训练,对于

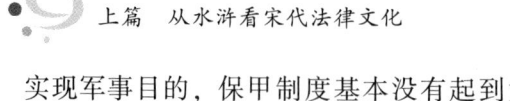

实现军事目的，保甲制度基本没有起到太大作用，但作为控制基层的手段，其在某种程度上发挥了巨大作用。保甲的单位逐步小型化、严密化，形成了层级体系，实现了对基层的严密控制，通过保甲制度将维稳、征税等功能成功实现。①

（二）保正职位的基本特点

保正设立初期，其主要任务是维持村庄的治安，并享有一定的政治特权。其后，保正又承担起收税的任务，并由此衍生出一系列经济功能，从而引起了保正地位的变化。

其一，保正职位体现了"以民治民"的治理思路。保甲制度的出现体现了在乡村组织头目选派上出现了雇募取代差派的变更，这是国家主动调试央地关系的重要尝试。② 历朝历代都希望强化对基层的管理，但问题在于，设置流官管理基层，其控制力主要维持在县城一带，在广大的农村地区，朝廷的流官很难实现有效的、常态化的控制，而大规模增加流官数量又极大地增加了朝廷的负担。农村地区的稳定关乎整个国家的安定，尤其是古代王朝发展过程中的失地农民所形成的流民浪潮，更是时刻考验着帝国的统治基础，设置保正职位则是当时的较优选项。政府选拔一部分乡民作为保正，赋予其一定的管理权力，以提升管理的有效性。将"以官治民"的思路，改为"以民治民"，既增强了对基层的掌控力，也减轻了治理的财政负担。

其二，保正群体的职责日益增加。保正群体所承担的职责大致包括征收赋税、摊派夫役、社会救济、司法诉讼、维护秩序等，但这并非一开始就完全规定，而是逐步增加的。在保甲法实行的初期，保正的职责固定且内容较少，主要是维持治安等，且政治、社会地位都较

---

① 刁培俊、张国勇：《宋代国家权力渗透乡村的努力》，《江苏社会科学》2005 年第 4 期。
② 田晓忠：《论宋代乡村组织演变与国家乡村社会控制的关系》，《思想战线》2012 年第 3 期。

高，待遇也好。后来，保正的职责增多，关键是随着土地兼并，失地民众逃亡日益增多，保正一职则成为一种负担。

其三，保正职位不属于传统官僚，但保正群体享有一定的政治优待。保正群体并不是通常意义上的官僚，甚至都不属于"吏"，本质上就是民众，只不过属于官方眼中的良民，拥有一定的特权。[①] 为了笼络保正群体，《畿县保甲条例颁行》规定在政治上给予其一定的特权优待。乡村中家境不错的农户在这一时期内多想方设法担任保正之职。故此，在保正之职还处于优待地位的这一时期内，因差役之法在乡村基层中形成的保正群体多是乡村中上户的集合，这些民户因承担保正职务而从中获取便利、享受特权。这些优待体现在：可以享受一定的财政补贴或减免，也体现了国家对保正群体的认可。

（三）保正职位的具体职能

其一，维护社会治安，监控基层舆情。随着《畿县保甲条例颁行》的颁布和执行，保正团体承担起了维持农村基层社会秩序的最根本功能。宋朝的保正在维持农村基层治安的同时，也担负着监控村庄中各种事务的责任，发现可疑人物或不法之事，需要及时上报并处置，不得故意隐瞒，违者严惩不贷，如有需要，还应承担追捕逃卒的任务，以维持当地正常的社会秩序，保障农村居民的日常生活。这种治安职责大致可分为两个层面：一方面要对辖区内的百姓进行监控，防止出现不法之事；另一方面也要对辖区内的外来人口进行监视，对于流窜作案要及时进行打击，以便维持社会治安。由上可知，作为民兵性质的保正对于乡村社会治安起到了很大作用，有点儿类似于现代"联防队+派出所"的职能。

其二，征发乡民的赋役。宋朝设立保正一职之初，职能比较明确，也比较单一，主要是为了维持农村社会的治安，维持基层社会的安定，

---

① 参见陈泓汐《宋代保正长群体初探》，硕士学位论文，云南大学，2020年。

与征收赋税、徭役等事务没有直接的关系。但是，随着保甲制度的逐渐完善，地方官员将管理压力下沉，考虑到保甲制度能够将每个家庭、个人紧密地串联在一起，形成层级鲜明细密的管理网络，于是便让宋代保正这一群体逐渐承担起乡村中督催赋税、征发徭役的重要事务，进而逐渐延伸出征发赋役的职能。

其三，辅助司法与社会救济。宋朝的保正还承担着协助司法，参与社会救济的责任。他们参与到农村的一些司法事件当中，充当重要的证人，担负起农村司法公正和正义的责任，也参与到社会救济之中，对那些遭受灾难和贫穷的人们进行救助。在本章前述分析的"晁盖私放刘唐"的案例中，正常来说，在晁盖负责的辖区内，他应当协助雷横抓捕刘唐，这就属于辅助司法职能。

三 保甲制度的优缺点

宋代的保正，在当时的社会生活中具有举足轻重的地位，不但维持了宋代农村基层社会的基本秩序，也确保了国家管理制度的正常运行，但这一群体本身也存在许多不可忽视的问题，凡此种种都需要从正反两面进行分析。

（一）保甲制度的优点

一方面，强化了国家对基层的治理能力。保正群体作为一个纽带，实际上弥补了基层官员与普通百姓之间脱节的缺陷，在一定程度上实现了上传下达的职责。对于整个国家而言，这极大地提升了对基层的掌控能力，也提升了社会风险预防能力，对于可能发生的农民起义、骚乱等问题，在很大程度上通过保正获得信息，并及时作出应对。

另一方面，维护了基层社会的基本秩序。对于普通百姓而言，能够有一个相对安宁安全的生活环境是一种相对稀缺的状态，水旱蝗匪等天灾人祸，外加政府与地主的剥削，使普通百姓经常性地处于贫困与温饱交替的状态，保正在乡村中能够有效维持治安，维护稳定秩序，若能保证辖区内不发生大的混乱，维持生活生产的正常进行，在一定程度上也是一项具有正向意义的制度。

(二) 保甲制度的缺点

宋代保正群体作为当时的一个社会阶层，也存在诸如滥用职权等问题。毕竟保正承担了上下沟通的桥梁作用，若其在工作中动了"歪心思"，甚至利用上下级沟通的"信息差"谋求个人私利，就会在发展过程中不可避免地出现许多问题。

其一，利用保正职权横行乡里、压榨乡民。随着保正群体获得了较多的公共管理职能，保正也在权力行使过程中开始索贿、受贿。比如，保正具有组织乡民开展军事训练的职责，这本来是"平时治安，战时卫国"的一项好政策，但问题在于，军事训练毕竟只是一项辅助性的工作，治安与国防都有相应的组织负责，部分保正则借此无休止地训练，以至于占用农忙时间组织训练，乡民为了能够早日回家参与生产，被迫向保正行贿，若不行贿则导致耽误农事，如此一来，保正便获得了一条受贿的道路，而乡民则只能承受压榨。此类情况比比皆是，因为保正负责的赋役工作本身就蕴含着较大的裁量空间，即便是同为服徭役，那分配的地点与工作的内容也有好坏之分，保正完全可以利用职权在其中索贿。此外，保正以及大、小保长平常在家之时，对婚丧嫁娶都会巧立名目索取贿赂，凡此种种都是对民众的勒索。[1] 而这也是王安石变法的反对派之一司马光上书请求废除保甲之法的重要理由。

其二，利用保正职权攫取私利、贪污公款。宋代的保正群体会利用职权侵吞官府财物，保正负责收税，但古代农业税收取的依据主要

---

[1] 参见陈泓汐《宋代保正长群体初探》，硕士学位论文，云南大学，2020年。

是登记在册的田地，而这本身又需要基层的吏、保正等具体负责，但问题在于，封建王朝发展到中后期，土地兼并、战乱、灾荒等因素导致耕地荒芜，此时部分土地会被他人偷偷耕种，而基层小吏与保正或联合地主豪强侵占不报，或接受贿赂隐瞒不报，致使国家税源流失。封建王朝在中后期往往人口增加但登记在册的可纳税土地却日益减少，在税源枯竭的情况下，只得向在册自耕农加征重税，由此加剧了社会矛盾，这不仅扰乱了传统的社会组织，阻碍了人们生活的发展，还破坏了封建王朝的统治基础，而这与保正群体有极大的关系。

其三，导致行政低效与僵化。保甲制度的初衷就是加大对乡村社会的控制力度，不惜取代已经运行较长时间的乡里制，但是，由于乡村组织头目主要来源于乡村内部，在国家不断强化乡村控制的同时，却也使该制度走向了反面。因为保正群体的设置本质上是为了贯彻国家意志或者说是统治阶级上层意志，保甲制度是强加给乡村的一种物理性区分，但传统乡村是以血缘关系为纽带的宗族为主，因而夹在中间的保正群体往往面临着多重压力。虽然通过保甲体制达到了一个更集权化管理的目的，但是由此产生的只有低效，因为下层存在僵持的状态，政令很难得到真正的执行。在征税和征募劳役的过程中，这种体制确实取得了更高效的结果。但是，在所有的地方重建项目或增产活动中，保甲制度做到的只是把有关政令收在保公所文件里，保存档案成了保甲的一项主要功能。在这种条件下，即使是个能人，身居保正之位也没有什么机会实现任何社会变革的实际举措。[①]

四　当前基层权力制约监督机制日趋完善

党的十八大以来，以习近平同志为核心的党中央对农村工作给予

[①] 费孝通著，[美]玛格丽特·派克·雷德菲尔德编：《中国士绅：城乡关系论集》，赵旭东、秦志杰译，生活·读书·新知三联书店2021年版，第68—72页。

了极大的关注,始终将"三农"问题摆在党的工作首位。① 在党的二十大报告中,习近平总书记提出:"全面建设社会主义现代化国家,最艰巨最繁重的任务仍然在农村。"他还强调,"反腐败斗争就一刻不能停,必须永远吹冲锋号"。毫无疑问,乡村治理是一个国家治理的基础环节。2021年4月29日,全国人大常委会通过《中华人民共和国乡村振兴促进法》,将乡村振兴战略的原则、目标、任务等以国家立法方式确认,这对我国"三农"领域的治理方略转型具有标志性意义。②

农村基层党组织作为党与人民的桥梁与纽带,其工作的好坏直接关系到党的执政根基与执政地位。近几十年来,乡村经济社会快速发展,农村社会发生了翻天覆地的变化,而且随着城市化、工业化的不断发展,许多乡村进入财富集聚的状态。然而,基层治理水平在相当长的时间内没有赶上经济发展的速度,治理理念、人才、制度等参差不齐,导致"微权腐败"现象时有发生,这给党和政府的形象和公信力带来了很大的冲击,影响基层干群关系,产生社会稳定风险。所以,强化对基层的治理、对农村权力运用的监督就具有十分重要的意义。

我国乡村治理过程中面临着很多挑战,如法律制度不健全、行政监督真空、司法监督不力、内部监督不力、基层干部水平不一等,对乡村社会稳定和国家发展战略产生不利影响,使对基层权力的监督成为一个极易形成真空的地带。为此,中国共产党第二十届中央纪律检查委员会第二次全体会议进一步明确,要对基层监督体制进行完善,要对基层监督网络进行健全。随后,中央纪委发布《关于开展乡村振兴领域不正之风和腐败问题专项整治的意见》,要求各级纪检监察机关要增强对乡村振兴的监督意识,以严为基调,以严厉的举措,对基层

---

① 习近平:《坚持把解决好"三农"问题作为全党工作重中之重 举全党全社会之力推动乡村振兴》,《求是》2022年第7期。
② 荆月新:《乡村振兴的法治之维及其展开》,《东岳论丛》2023年第8期。

腐败问题进行严格治理。

出现基层治理难题的原因有：第一，传统"熟人社会"的陋习与积弊，包括村民们的权利意识薄弱、文化素质参差不齐，自治制度不够完善，以及家族势力的影响。部分问题严重的地区，村民自治被异化为农村强势家族的管理，村里的大小事情都是由村内强势家族决定。村民要在"熟人社会"里站稳脚跟，又要看"大族大姓派来的官"的脸色，就算吃了天大的苦头，也只能打落牙齿往肚子里咽。另外，村务公开没有得到很好的实施，使群众对村务公开的监督变得困难。例如，关于村委会选举活动，有学者在研究全国各地不同省份多个村庄的村委选举实践后指出："宗族参与社区选举活动带有'差序格局'的特点，血缘关系越近则为候选人而'奔走呼号'的积极性越高。"① 在宗法文化的影响下，这种选举往往缺乏公平性，难以选出真正合适的治理者。

第二，缺少相应法律规范的约束。对于乡村治理过程中出现的问题，法律规范还是存在诸多不够完善的地方，最严重的问题是缺乏规范，其次是现有的规范不明确、不实用。如侧重于实践，缺少程序；在如何实现农民自治，如何保障农民的自治权、监督权等问题上，还缺乏可行有效的规定；对村民委员会的地位、职权、召集程序等方面的规定存在缺陷；对一些暗中串联、干扰村民委员会选举的违法行为，刑法很多时候缺乏管辖能力，其他方面的配套处罚又严重不足，而且实施面临着很大的困难。此外，在司法实践中，因"村干部"的"身份不明确"，导致司法机关的管辖不顺畅的问题也较严重。在我国，对数额巨大、社会影响大的工作人员实施职务犯罪的关注力度更大，对一些在基层中常见的微型腐败，因其涉案金额不大，司法机关对他们的打击不够有力，导致他们的违法行为被放任。

---

① 贾先文：《我国社会转型期农村社区选举中的宗族影响及对策——基于55个农村社区的调查研究》，《湖南师范大学社会科学学报》2015年第2期。

第三，对涉黑涉恶的乡村公职人员的监督力度仍待加强。在中国边远地区，由于地理位置、信息闭塞和家族势力等原因，农民的文化素质和法治意识都比较薄弱，有些黑恶势力渗透到基层政权中，这给农村基层政治生态带来了极大的污染。同时，部分乡村公务员与黑社会性质组织勾结，为其充当"保护伞"，使基层公共权力被滥用的问题日益突出。部分"黑社会"通过利益输送等手段，与乡村官员形成利益共同体，增加了对乡村官员的监督难度。长期以来，由于社会上普遍存在对"乡贤"的不信任、不支持等问题，使得"乡贤"们在"乡贤之地"里陷入了政治信任的窘境。

为此，应构建以《监察法》为核心的基层监督管理体系。

首先，构建"违纪审查—职务违法调查—职务犯罪调查"层次清晰的监督体系。要充分运用监督执纪"四种形态"，将党员干部违纪行为分类处理，做到宽严相济、以案促治。要及时发现并督促整改问题，强化问题整改和成果运用。构建一套以党的执政能力为核心、以党的领导干部为主体、以人民为中心的政治监督体系。腐败程度和状态各不相同，因此需要用不同的方式来构建"阶梯"。在"非法"和"犯罪"的界定问题上，应当从"犯罪"和"非法"的关系出发，以"非法"和"犯罪"为切入点进行界定。按照行为轻重，分别对应违纪、职务违法、职务犯罪严格处置，掌握处置与教育的程度，对于情节严重的，符合刑法规定的，可以移送司法机关；对于未达到职务犯罪程度的，则应根据情况，给予违纪处分、职务违法处分等。

其次，要坚持标本兼治，深入开展警示教育，以案释德、以案释法，教育农村基层党员干部严格规范自身行为。要加强制度建设，注重从源头上查找问题，堵塞制度漏洞。要聚焦权力运行关键环节，督促党委（党组）制定完善相关制度规定，推动村级重大事项"四议两公开"制度化规范化。县市区纪委监委要督促农村基层党组织认真履行主体责任，县市区纪委监委要加强对乡镇党委履行主体责任情况的监督，乡镇党委要坚决扛起主体责任，把加强村"两委"班子建设和推动村级权力规范运行作为重要任务,加强日常监督管理。同时,县市区纪委监委要加大对村级组织履职情况的监督检查力度,强化对村级权力运行的日常监督,建立健全村级小微权力清单制度和规范运行机制,不断加强基层监督体系建设。

再次,各部门通力合作强化打击农村"黑恶势力"。把农村地区"黑恶势力"作为打击整治的重中之重,为此需要强化部门协作配合,及时向政法机关移送农村"黑恶势力"犯罪线索,依法从严惩处"村霸"、宗族恶势力和黄赌毒背后的"保护伞"。党的二十大报告提出推进扫黑除恶常态化,依法严惩群众反映强烈的各类违法犯罪活动的任务目标。要充分发挥专项斗争主力军作用,坚持问题导向,针对农村地区存在的突出问题,进一步细化政策措施,提高打击实效。同时要健全农村地区扫黑除恶长效机制,建立健全农村地区黑恶势力排查和整治机制。

准确把握"农村黑恶势力"的特征,是开展专项斗争的关键。当前,农村黑恶势力主要表现为:把持和操纵基层政权、侵吞农村集体财产、敲诈勒索周边厂矿企业、强揽工程项目、强迫交易、非法占地、恶意竞标、非法经营,欺行霸市、破坏经济秩序和社会生活秩序等违法犯罪活动。

因此,要坚持扫黑除恶工作不放松,建立健全纪委、公安、检察院、法院等多个部门相互配合的工作机制;乡镇纪委要与政府和司法机关密切合作,加强对乡镇公共权力中腐败和"保护伞"的整治,从根本上消除以贪官和恶势力为主体的"黑社会"。尤其要从根源上消除他们之间相互串通的土壤,以此来彰显党和政府在惩治涉黑腐败方面的决心和效果,打好"扫黑除恶"这场战役,为农村建设构建良好的政治生态。

最后,强化县市区纪委监委的监督。县市区纪委监委作为专责监督机关,要强化对农村基层党组织的监督,推动完善村党组织领导下的"三治"融合治理机制,全面落实村级重大事项"四议两公开"制度，强化村级党组织对"三资"的管理和使用。针对农村基层党员干部作风不实、以权谋私、侵害群众利益等问题，县市区纪委监委要加强监督检查和审查调查工作，以监督执纪问责促进农村基层党组织及党员干部严格按照党章党规党纪和法律法规办事，促进村级权力规范运行。县市区纪委监委要重点督促农村基层党组织严格执行党的纪律，发挥党组织的领导核心和政治核心作用，督促农村基层党组织负责人落实党风廉政建设主体责任，加强对党员干部特别是村"两委"成员的教育、监督和管理。要督促乡镇党委、政府落实主体责任，把农村基层干部作风建设情况作为乡镇党委书记抓基层党建述职评议考核重要内容，加强对农村基层干部的日常监督管理。要督促乡镇党委严格落实"四议两公开"制度，规范村级重大事项决策程序和方法，督促农村基层党组织严格落实党内监督条例，推动完善村党组织领导下的"三治"融合治理机制。要强化对村级组织及其成员的教育管理监督，让其明白权力运行的界限和边界。

对基层组织中的工作人员在参加村民自治、协助政府实施村民自治过程中出现的违法问题，由县监察委员会处理，公安部门协助。与此同时，在农村基层干部参与村民自治过程中出现的违法问题上，国家监察机关也拥有一定的监督权力，所以，在监察体制改革之后，县监察机关的监督范围要比监改之前的县检察院大得多。因此，要加大对县级纪委监委工作人员的投入。

第五章 从吴用看宋代编敕活动

吴用籍贯郓城县，姓吴名用，道号加亮先生，梁山起义军的军师，排名第三，绰号"智多星"。吴用原本是山东省济州市郓城县东溪村私塾先生，文韬武略，足智多谋。吴用还有一个绰号叫"教授"，这是人们对他这位教书的小知识分子的尊称。[①] 宋元时期，人们常对这种身份的人冠以"教授"的尊称。吴用首次亮相是在《水浒传》第十四回中，"赤发鬼"刘唐为劫取生辰纲一事，夜走郓城县往投晁盖，途中酒后醉卧灵官庙，为巡查的县都头雷横抓获并带往东溪村晁盖庄，晁盖得知详由，谎对雷横说刘唐是其外甥得释并送雷横十两银子。刘唐不忿，私自追赶雷横欲讨回银两，话不投机，两人动手，挥动朴刀大战，雷横不敌刘唐，看着将败，被旁边私塾先生吴用用铜链劝开。吴用、刘唐回晁盖庄，计夺生辰纲，吴用出谋划策，并赴石碣村巧言说服阮氏兄弟共同聚义，定巧计在黄泥岗用蒙汗药晕翻杨志等人，劫取生辰纲。事发后与晁盖等人同上梁山，并定巧计在石碣村大破官军。上山后巧激林冲火并王伦，从此奠定梁山基础，在后来的争战中多出奇计，为水泊梁山的兴盛立下大功，成为梁山军师。

[①] 宁稼雨：《趣谈水浒传人物绰号》，《国学》2010 年第 10 期。

一 接受招安：军师吴用的关键性作用

吴用作为军师有着强大的话语权，扮演着运筹帷幄之中、决胜千里之外的角色。在关键时刻和人心浮动之时，吴用善于运用必要的手段与话语稳定军心，对整个梁山泊安定与发展起到中流砥柱的作用。作为梁山集团的智库，吴用参与了该集团的所有行为，在接受招安的前后过程中起着关键作用。为此，笔者以吴用这一智囊为切入，分析其在招安过程中发挥的关键性作用。

读过《水浒传》的人都知道，吴用同宋江的关系，远远比吴用与晁盖的关系密切，但在招安的问题上两者有所不同。前文在分析宋江部分时发现，宋江是一心一意接受招安，但吴用在其中的态度则稍显暧昧，其中有两点颇值得玩味。

其一，第一次招安时的不积极之态。《水浒传》第七十五回描写了第一次招安的情景，面对第一次招安，梁山集团实际上分为两派：一派是以宋江为首的"速降派"。"却说宋江每日在忠义堂上聚众相会，商议军情，早有细作人报知此事，未见真实，心中甚喜。当日，有一人同济州报信的直到忠义堂上，说道：'朝廷今差一个太尉陈宗善，赍到十瓶御酒，赦罪招安丹诏一道，已到济州城内，这里准备迎接。'宋江大喜，遂取酒食并彩段二表里，花银十两，打发报信人先回。宋江与众人道：'我们受了招安，得为国家臣子，不枉吃了许多时磨难，今日方成正果。'"[①]

另一派就是以吴用为首的"观望派"。吴用说道："论吴某的意，这番必然招安不成；纵使招安，也看得俺们如草芥。等这厮引将大军来，到教他着些毒手，杀得他人亡马倒，梦里也怕，那时方受招安，

---

① （明）施耐庵、罗贯中：《水浒传》（下），人民文学出版社1997年版，第974—975页。

才有些气度。"① "哥哥你休执迷,招安须自有日。如何怪得众弟兄们发怒,朝廷忒不将人为念。如今闲话都打叠起,兄长且传将令,马军拴束马匹,步军安排军器,水军整顿船只。早晚必有大军前来征讨,一两阵杀得他人亡马倒,片甲不回,梦着也怕,那时却再商量。"② 而实际上,阮小七的"倒船偷御酒"与李逵的"扯诏谤徽宗"恰恰是按照吴用的思路所进行的一系列行为。

其二,面对辽国招降时的首鼠两端心态。《水浒传》第八十五回中描写了辽国试图招安梁山集团的内容。面对辽国招降,吴用竟然有如下言论:"我寻思起来,只是兄长以忠义为主,小弟不敢多言。我想欧阳侍郎所说这一席话,端的是有理。目今宋朝天子,至圣至明,果被蔡京、童贯、高俅、杨戬四个奸臣专权,主上听信。设使日后纵有功成,必无升赏。我等三番招安,兄长为尊,止得个先锋虚职。若论我小子愚意,从其大辽,岂不胜如梁山水寨!只是负了兄长忠义之心。"③ 吴用面对辽国招降竟然心动,只是考量个人利益得失,这与在第一次接受招安时的心态如出一辙,存在着严重的投机心态。

吴用并不能视为坚定地反对招安的一派,"论者在谈到《水浒传》的招安问题时,常常强调梁山好汉中的'反招安派',把吴用、李逵、武松、鲁智深等看成'反招安派'的代表,还把吴用说成反对招安的总后台。这是不符合书中实际的。在招安问题上,吴用与宋江发生过分歧,而且两人就此问题也辩论过。吴用的态度实际上也是把招安看成梁山好汉的唯一出路,但是他不同意宋江那种饥不择食、委曲求全的招安。我们从《水浒传》对梁山集团被招安过程的描写中可以感到,招安本质上是一种交换。朝廷以不同等级的官位来换取江湖好汉们的效力。这种交换应该是有担保的,这不仅要朝中有同情江湖好汉、并

---

① (明)施耐庵、罗贯中:《水浒传》(下),人民文学出版社1997年版,第975页。
② (明)施耐庵、罗贯中:《水浒传》(下),人民文学出版社1997年版,第979页。
③ (明)施耐庵、罗贯中:《水浒传》(下),人民文学出版社1997年版,第1098—1099页。

能为江湖好汉说话的大臣当政，而且江湖人要保有一定的实力，时时可以作为讨价还价的本钱。前两次招安时这两点都没有具备，而宋江等人急于成交，才导致招安的失败"①。既言之，吴用只是更希望在与朝廷的反复征战中获得更好的政治待遇，尤其是在战场获得了一定胜利之后，②他觉得已经有了"谈判资本"，可以与朝廷进行博弈，获得一个更好的结果，此时他的态度就转变了，"哥哥再选两个乖觉的人，多将金宝前去京师，探听消息，就行钻刺关节，把衷情达知今上，令高太尉藏匿不得，此为上计。……此回必有佳音"③。对于招安，吴用采取了一种更有策略的做法，通过在招安过程中"反复"抬高自己这一班人马的身价，进而获得更好的待遇。从招安的结果上而言，基本达到了吴用的预期，但其问题在于，本就出身低微不被统治阶级尊重的"匪徒"又在反反复复的招安过程之中埋下了深刻的不被信任的种子，也在冥冥之中注定了几人最后的悲惨结局。

由此，我们不免要思索一下古代的招安制度，毕竟对于农民起义来说，其结果多半有三种：起义成功建立新国家；接受招安；被镇压。故有必要简单分析一下招安制度。根据学者考证，"招安"一词出自《旧五代史·张廷蕴传》。④尽管两宋的社会经济得到了很大的发展，但是，民众的生活还是很贫穷，这是由以下几个因素造成的：第一，法纪松懈，官员腐败，贪官猖獗；第二，在商品经济发达的条件下，土地兼并加剧，贫富悬殊；第三，辽、西夏、金、元等国连年征战，军费、年费剧增，加之官吏冗杂，国库负担过重，进而税赋过重，百姓生活困苦。由此，两宋社会矛盾日益激化，各类民变频发，对宋政权的安定构成了极大的威胁。⑤在阶级矛盾较为激烈时，农民起义往往

---

① 王学泰：《话说"招安"》（下），《社会科学论坛》2003年第12期。
② 林文山：《浅论吴用》，《求是学刊》1985年第1期。
③ 欧阳健、萧相恺：《吴用·三阮·李逵论》，《云南社会科学》1982年第2期。
④ 王学泰：《话说"招安"》（上），《社会科学论坛》2003年第11期。
⑤ 何忠礼：《论宋朝政府对民变的非军事对抗性策略》，《浙江大学学报》（人文社会科学版）2014年第3期。

成为常态化的状态,① 只不过多数的农民起义都被镇压,而且由于其影响力有限,往往被统治阶级视为流寇、匪徒,因而很难青史留名,但对于中央王朝,在镇压无力或成本较高之时,招安之策也在考虑范围之内。

二 宋代法律中"编敕"活动

招安多见于"敕"中,敕属于皇帝命令,其发展经历了一个相对漫长的过程。敕最初是上级对下级、长辈对晚辈的一种命令方式。南北朝时期,敕被专门用于官方的皇帝对下级的命令,但并没有形成体系,皇帝根据自己的需要随时发布敕,这时的敕就是"散敕"。但随着敕的增多,相互之间的逻辑性、体系性就出现了问题,于是就考虑要让敕具备系统化、普遍化的效力,此时就出现了"编敕"。唐代出现了编敕活动,最初称为"编格"(编《格后长行敕》)。唐代以后,随着皇权和中央集权的加强,皇帝已经无法亲制敕文,于是便出现了以敕代书、以敕代诏书者。宋代极为重视编敕活动,形成了较大规模的编敕活动,成为宋代立法的重要特点。宋代的编敕活动比较频繁,主要包括两个方面:一是皇帝在诏书中加入自己的意见;二是将皇帝以前颁布的敕文加以修改后颁行。以此为切入点,本章对宋代编敕活动进行大致的梳理。

(一) 宋代编敕活动的演变过程

宋初的编修律敕主要归属大理寺,后归编敕所。编敕所始设于何时,目前没有明确记载。但总体上而言,编敕所可视为最常设的编敕

---

① 王学泰:《话说"招安"》(上),《社会科学论坛》2003年第11期。

第五章 从吴用看宋代编敕活动

机构。① 宋朝最早的敕令出现在宋太祖时期，如宋太祖下令让窦仪等人修撰《宋建隆重详定刑统》，并将《显德刑统》中"令谕及其后所需之降罪，共一百六条"，编成《新编敕》四卷，格令宣敕，将与刑罚不相关的敕令，纳入其中。在这一时期，宋律和敕令之间的界限已较为清晰。太宗太平兴国三年（978）六月，皇上下令，选历代御旨，编成《太平兴国编敕》，共十五卷。此后，宋朝颁布诏令的次数就越来越多，从太祖到理宗宝二年，一共有19种全国范围的综合性的诏令汇编。

宋初的编敕主要是补律所未备，以《宋刑统》作参照进行刊修，补其未备，删其重复，除去一时之权制，到《咸平编敕》时"准律分十二门"（《长编》卷四十三），与《宋刑统》的编纂体例基本一致。《宋刑统》分为名例律、卫禁律、职制律、户婚律、厩库律、擅兴律、贼盗律、斗讼律、诈伪律、杂律、捕亡律、断狱律12门。编敕的12门大体也当为如此。到《大中祥符编敕》《天圣编敕》时，编敕开始发展到附有刑名，《大中祥符编敕》中就有"配隶"方面的刑名敕46条。至仁宗《天圣编敕》冲破了编敕不附刑名的旧制，实质上已对《宋刑统》作了部分修改。所有这些"皆在律令外者也"②。神宗元丰年间编纂《元丰编敕令格式》"以律不足以周事情，凡律所不载者，一断以敕"，把原来的"律、令、格、式"改为"敕、令、格、式"，并对其含义及关系作了区分解释。"禁于已然之谓敕，禁于未然之谓令，设于此以待彼之谓格，使彼效之之谓式。修书者要当识此。"③ "凡入笞、杖、徒、流、死，自名例以下至断狱，十有二门，丽刑名轻重者，皆为敕。"编敕的体例随之发生变化，不再以律分门，而是分敕、令、格、式四大部分进行编纂。今残存的《庆元条法事类》中敕的正文均

---

① 孔学、李乐民：《宋代全国性综合编敕纂修考》，《河南大学学报》（社会科学版）1998年第4期。
② 《宋史》卷一九九《刑法志一》，中华书局2013年版，第4963页。
③ 《宋史》卷一九九《刑法志一》，中华书局2013年版，第4964页。

为刑名敕,且准律分为12类,12类敕名皆可在书中找到。①

(二) 编敕的主要功能

宋代编敕的取材一般来自朝廷颁降的诏敕。《建隆编敕》《太平兴国编敕》《淳化编敕》《咸平编敕》《元丰编敕令格式》《元符敕令格式》都是其中的代表。敕的传播主要体现为"敕榜",在宋朝得到了广泛的应用。"榜"是一种以手书或刻字形式贴在墙上的公告,既是宣示朝廷旨意的载体,又是执行命令的手段,起到了一定的行政制约作用。宋朝从中央百司到地方衙门,都可以"揭榜",也就是发出通告。由于发布机构和传播对象的不同,在宋人的榜单上,其张贴的地点和传播的内容也有很大的区别。敕榜与其他的不同之处在于其发放者必须是皇上,而且是用皇上的名字来发布的。②编敕的主要功能大致分为以下三个方面。

第一,最普通的作用就是招安和收编叛军。宋朝统治者在平定"内患"时,虽仍采取"剿、抚"并用的政策,但与以往历朝相比,则更多地将"安民"作为其首要政策。敕榜是推行招安政策的一种重要手段,将朝廷对于局势变化的态度与意见,通过诏书传达给相关官员,以使其心悦诚服,不至于引发新一轮的军事战争。在宋朝,敕榜是宋廷最重要的文件之一,对于朝廷来说,既可以避免兵戎相见,也可以防止动乱扩大范围,同时还可以保证民众的人身安全,降低民众的财产损失,促进社会的稳定与发展。③

第二,除招安之外,官府还经常以诏书的形式,向基层民众传达和执行一些政策,以减轻民众的负担,稳定当地的社会秩序。当然,这些敕令中的大部分内容,都是为了表达朝廷的态度,所以内容也就

---

① 孔学:《论宋代律敕关系》,《河南大学学报》(社会科学版) 2001 年第 3 期。
② 参见杨芹《宋代敕榜研究》,《中华文史论丛》2017 年第 3 期。
③ 何忠礼:《论宋朝政府对民变的非军事对抗性策略》,《浙江大学学报》(人文社会科学版) 2014 年第 3 期。

相对宽泛一些，像是招安之类的圣旨，多半是要向世人宣告怀柔政策，但是要真正起到招安的作用，就必须有其他的制度与手段相配合。而减免赋税、免除赋税的圣旨，却是要州县令们自行掌握。① 对人民群众，尤其是受战祸、自然灾害影响的地方的人民群众进行训诫，训诫的内容主要是赋税、徭役等生活方面的事情，以此来宣示仁德。这份诏书，将朝廷平定灾荒、还百姓以安的政令公告在各地，以示对众生的仁慈之心。

第三，警示警告群臣，提醒他们某些重大决策、某些官员存在的问题，从而在一定程度上起到对朝廷舆论的引导与掌控作用。②

四 宋代编敕活动的优点与缺点

（一）宋代编敕的优点

1. 减少了法律的重复与混乱。继承了唐律的宋代法律也面临着自中唐到五代以来的立法问题。唐朝的法律制度有其缺陷，其中一个重要方面就是：中唐及之后，"格""格后敕"在性质、职能上的交叠，职责划分不清，内容繁杂且不一致。唐在安史之乱后，国家的安定与统一局面，再也无法恢复到唐初时期的状态，但在某些方面也进行了及时的调整，即使唐代的法律制度从制定"格"改为制定"格后敕"。"格"与"格后敕"在性质与作用上虽然有所差异，但在内容与作用上是一致的，都是对律令格式的修订与补充，并在一定时期内以法定的方式制定。唐代中晚期，主要侧重于后敕的编撰，同时也有编格，虽然唐穆宗长庆年间及后唐明宗长兴年间对律、令、格、式、后诏书的运用均有明确的规定，但其混乱的性质却是无法避免的。

到宋神宗时期，统治者逐步意识到该问题，尝试着解决，其主要

---

① 参见杨芹《宋代敕榜研究》，《中华文史论丛》2017年第3期。
② 参见杨芹《宋代敕榜研究》，《中华文史论丛》2017年第3期。

方式就是对敕、令、格、式的性质进行一定的区分。"敕"主要是对罪行和处罚的一种规范;"令"是一种预防和限制行为人不能做某一行为的法律规范;"格"是对官吏和平民的等级进行区分和论功赏罚的一种法律规范;"式"是关于判例等的规范。这种区分的好处就在于使得法律体系的协调性极大增强,由此,北宋的编敕活动进入一个规范化运作的阶段,敕成为刑法领域专门性立法活动。

2. 法律形式的功能性分化日益明晰。敕、令、格、式之间的功能更加明确清晰。敕、令、格、式一体编修使得敕、令、格、式之间关系更加协调。如前所述,宋神宗时期开始对敕、令、格、式的具体功能进行划分,敕、令、格、式之间实现了平行化。功能区分的属性日益增强,是编敕活动发展的重要转折点。

3. 编敕使宋朝的法律体系更加灵活。在政治体制上,封建时代是以中央集权为主的官僚体制。皇帝的权力,就是要凌驾于一切之上,但这样的文饰却是通过法律和官员来完成的。所以,从统治者的观点来看,唯一的办法就是制定出一条又一条的法律,这样,法官们就可以像算术那样精确地执行它,但这只不过是一种希望罢了。一部成文的法典,不可能面面俱到,不可能无懈可击,不可能随心所欲地修改。中国幅员辽阔,政治、经济、文化的发展参差不齐,不可能完全复制一部法律。在此背景下,有些精明的法官会根据法律没有明确规定或者法律不适合的情形,创造并运用先例。"敕令"由朝廷和皇帝通过,以"先例"和"法例"的形式颁布,在国家层面上具有"法"的地位。因此,也存在制定法和判例的灵活运用。①

另外,为了弥补成文法的缺憾,宋代还专门编撰了一些例证,使宋代的法律制度比唐朝更为完善。汉魏晋时期已经有了以典型案例为依据的先例,这种典型案例叫作"比",也就是"决事比"。唐高宗

---

① 武树臣:《中国的"混合法"——兼及中国法系在世界的地位》,《政治与法律》1993年第2期。

时，御史中丞赵仁本曾写过三部《法例》，以供判狱中之事，但为高宗所禁。宋朝延续了唐代之前的惯例，并在此基础上编纂了大量的典籍。虽然宋朝的立法已经相对完善，但是，再完善的立法，也总会有漏洞。而编例法，则可以最大限度地弥补这一缺陷。[①]

4. 有助于维持统治秩序。宋代的编敕活动是一种皇帝的主动行为，他以自己的意志来规定诏令的内容和形式。通过编敕活动，皇帝可以实现自己的意志，也可以向天下臣民传达自己的政治主张。宋人陈师道在《后山诗话》中说："唐以文章致太平，宋以敕诏集天下，所以得天下之治。"通过编敕活动，皇帝可以使自己的意志和主张更加鲜明地体现出来，得到天下臣民更加广泛的支持，这是宋代政治稳定的重要条件之一。同时，通过编敕活动可以在一定程度上防止奸臣专权。宋代为了加强中央集权，于是就出现了由朝廷来编敕。皇帝以自己的意志来编敕可以起到抑制臣下专权的作用。对于宋神宗以后出现的皇帝自己编敕活动，其作用更多地体现在维护统治秩序上。因此，宋神宗以后朝廷编敕活动所发挥的作用比前代更加明显，也更加重要。在这种情况下，编敕活动成为神宗以后朝廷对臣民进行控制的一种重要手段。

（二）宋代编敕的缺点

北宋以敕为主要内容，实现了"事无巨细，皆有法依"的状态。制定敕的目的在于使其他法律能够得到有效的执行，从法律的执行情况来看，应是比较好的。在这样的架构下，法律之上有专制主义的统治。这是一种与农业文明相适应的制度，也是一种相对有合理性的制度，只要社会制度不改变，其就会在相当长的时间内维持下去。然而，在这样的治理架构下呈现出一种"法律完备而执行不力"的状态，这是以"敕"立法的必然结果。

[①] 吕志兴：《宋代法律体系研究》，《现代法学》2006年第2期。

1. 宋代编敕活动缺乏长远规划。在宋朝编敕时，一般是由皇帝或者大臣来决定其内容和数量，并没有进行长远规划。同时，宋代编敕的内容也比较混乱、随意，很难形成一个完整、严密、系统的制度体系。法律形式依然存在一定的混乱，除正式的法律之外，敕、令、格、式也属于国家法律的一部分。敕太多则会冲击其他的法律形式，等混乱到一定程度则编纂一下，反映了立法活动的复杂性，没有太长远的规划。

2. 君主意志破坏法律权威的问题依然存在，导致皇帝个人意志过分强化。宋代皇帝在敕中加入自己的意见，实际上就是对皇帝本人意志的体现，因此它更多地体现了皇帝的个人意志，这一点在宋神宗时期表现得尤为明显。宋神宗希望通过编敕活动来让百姓相信朝廷的政策是正确的。但这具有极强的人为色彩，当皇帝重视编敕活动的时候，编敕活动的规范化会相应地提升；当编敕活动不被重视时，就容易进入低谷期。

3. 编敕活动受政治因素的影响较大。宋代统治者在编敕时，往往会考虑到自身政治地位、权力、威望以及大臣们的利益等因素。尤其是在政治变化、敏感、动荡时期，编敕活动易在这个过程中受到冲击。

五　以古鉴今：完善中国特色社会主义法律体系

宋代编敕活动本质是一种立法活动，其面临的很多问题也是当今立法活动所需要解决的。完善中国特色社会主义法律体系是新时代坚持和发展中国特色社会主义的内在要求。党的十九届四中全会提出，"坚持立法先行，发挥立法的引领和推动作用"，这是对新时代完善中国特色社会主义法律体系路径的根本要求。同时，我们也要清醒地认识到，完善中国特色社会主义法律体系是一项系统工程，涉及立法体制、立法机制、立法程序、立法技术等方面，需要系统谋划、统筹推进，以确保法律体系的系统性和完整性。

(一) 坚持党对立法工作的领导

坚持党对立法工作的领导，是我国宪法确立的一项基本原则，也是我国立法体制的一个突出特点。坚持党对立法工作的全面领导，是习近平法治思想的鲜明立场和社会主义法治的本质特征。我们要把党对立法工作的领导贯穿于完善中国特色社会主义法律体系全过程。

(二) 加强重点领域立法

完善中国特色社会主义法律体系，是一项庞大的系统工程，也是一项长期的历史任务。必须从党和国家工作大局，着眼于全面深化改革和全面推进依法治国，从全局和战略高度谋划和推进法律体系建设。加快重点领域立法，增强法律体系的系统性、整体性、协同性；完善国家机构组织法等相关法律制度，健全国家权力机关、行政机关、司法机关分工负责、互相配合、互相制约的体制机制；制定修改相关法律法规，及时修改完善不适应改革和经济社会发展要求的法律法规；加强党内法规制度建设，构建系统完备、科学规范、运行有效的党内法规制度体系。

(三) 健全立法工作机制

健全完善立法工作机制，要以习近平新时代中国特色社会主义思想为指导，认真贯彻落实党的二十大精神，深入贯彻习近平总书记全面依法治国新理念新思想新战略，不断加强党对立法工作的领导，健全完善科学民主依法立法机制，努力实现立法领域重大改革举措相衔接相配套。只有建立完善的立法机制，才能以法律稳定社会秩序，促进经济发展，实现民族复兴。

（四）提高立法质量

法律是国家意志的体现，在立法过程中必须保证其质量，使之符合人民群众的期待。立法质量的高低是法律体系是否科学的重要标准。我国社会主义法律体系作为一个整体，要充分体现出各方面法律规范之间的内在联系和逻辑结构，增强法律规范的系统性、整体性和协调性。要坚持立改废释并举，注重加强重点领域立法，以良法促进发展、保障善治。要不断总结实践经验，积极探索制定立法技术规范，通过立法技术的运用提升立法质量。要认真贯彻实施《宪法》和《立法法》等法律法规，落实好《宪法》有关规定，维护好国家法制统一。要按照法定程序组织起草、审议、修改法律法规，确保立法质量。

（五）加强重点法律项目立法论证

从国家治理体系和治理能力现代化的高度，加强重点法律项目的立法论证，有利于集中优势资源，突出立法重点，提高立法质量和效率。例如，加强涉及政治安全、国家安全、国防安全等领域的立法论证，加强涉及公共卫生、生态环境保护、能源资源、粮食安全等领域的立法论证，加强涉及民族团结、宗教事务等领域的立法论证，加强涉及群众切身利益领域的立法论证，等等。在科学论证基础上选择那些看得准、有基础、条件成熟的重点法律项目进行重点立法，并在充分征求社会各界意见建议的基础上反复修改完善。这既有利于增强法律的可操作性和可执行性，也有利于提高立法质量。

第六章 从柴进看宋代八议制度

柴进,又称"柴大官人",江湖人唤"小旋风",沧州横海郡人。在北宋,"柴"是一个特殊的姓氏。赵匡胤陈桥驿兵变,黄袍加身篡夺政权,而被篡夺的后周就是柴姓家族。后周柴氏在整个政权交接过程中采取了较为配合的态度,实现了和平过渡。也正因此,小说以此为切入点,描述了宋太祖感念柴氏家族的合作,特赐丹书铁券。此外,柴进又是上应天罡中的"天贵星","生得龙眉凤目,皓齿朱唇,三牙掩口髭须,三十四五年纪,头戴一顶皂纱转角簇花巾,身穿一领紫绣团龙云肩袍,腰系一条玲珑嵌宝玉绦环,足穿一双金线抹绿皂朝靴,带一张弓,插一壶箭"[1],与其他出身行伍的"大老粗"相比,柴进则显得风流倜傥、玉树临风,完全是不同的风格。

一 丹书铁券:柴进的"护身符"

《水浒传》多次提到柴氏家族持有的丹书铁券。第五十一回"插翅虎枷打白秀英,美髯公误失小衙内"中写道:朱仝道:"黑旋风那厮如何敢径入贵庄躲避?"柴进道:"容复:小可平生专爱结识江湖上好汉,为是家间祖上有陈桥让位之功,先朝曾救赐丹书铁券,但有做下不是

---

[1] (明)施耐庵、罗贯中:《水浒传》(上),人民文学出版社1997年版,第126页。

的人，停藏在家，无人敢搜。"① 第五十二回"李逵打死殷天锡，柴进失陷高唐州"中殷天锡要强占柴宅后花园，柴皇城说："我家是金枝玉叶，有先朝丹书铁券在门，诸人不许欺侮。你如何敢夺占我的住宅？"② 后来柴进安慰柴皇城继室道："小侄自使人回沧州家里去取丹书铁券来，和他理会。便告到官府、今上御前，也不怕他。"③ 面对飞扬跋扈的殷天锡，柴进道："直阁休恁相欺！我家也是龙子龙孙，放着先朝丹书铁券，谁敢不敬？"④ 李逵打死殷天锡后柴进道："我自有誓书铁券护身，你便快走，事不宜迟。"⑤ 面对知府高廉，柴进告道："小人是柴世宗嫡派子孙，家门有先朝太祖誓书铁券……"⑥ 被高廉当堂责打时，柴进叫道："……放着先朝太祖誓书，如何便下刑法打我？"⑦ 从文章的描述中可见，拥有"丹书铁券"成为柴进的重要标签，而这也意味着超级特权与身份，以至于可以游离于法律之外，那"丹书铁券"到底是什么呢？

二　丹书铁券的发展历史与特点

"丹书铁券"是古代帝王赏赐功臣的一种特权证明，又称"丹书铁契"，民间亦存在"免死牌""免死金牌"之称。发放该物品最早起源于汉朝开国皇帝刘邦。丹书：以朱砂书写，铁券：铁制凭证。"丹书铁券"即古代皇帝授予有功之人世世代代享有特权或赦免其罪状的凭证。为了取得信任，防止伪造，铁券被一分为二，由所获得铁券的王公贵族和朝廷各自保存一半，以备对证。铁券镌刻的内容大致有：第一，

---

① （明）施耐庵、罗贯中：《水浒传》（下），人民文学出版社1997年版，第687页。
② （明）施耐庵、罗贯中：《水浒传》（下），人民文学出版社1997年版，第691页。
③ （明）施耐庵、罗贯中：《水浒传》（下），人民文学出版社1997年版，第692页。
④ （明）施耐庵、罗贯中：《水浒传》（下），人民文学出版社1997年版，第693页。
⑤ （明）施耐庵、罗贯中：《水浒传》（下），人民文学出版社1997年版，第693页。
⑥ （明）施耐庵、罗贯中：《水浒传》（下），人民文学出版社1997年版，第694页。
⑦ （明）施耐庵、罗贯中：《水浒传》（下），人民文学出版社1997年版，第694页。

赐券之日，赐券之人姓名、爵位及邑地；第二，记录受封人为朝廷立下的功绩；第三，皇帝授予的具体特权。

（一）丹书铁券的发展历史

"丹书铁券"起源于汉朝。汉高祖刘邦打败项羽，建立新王朝，做了皇帝之后，刘邦"与功臣剖符作誓，丹书铁契，金匮石室，藏之宗庙"①，"始剖符封功臣曹参等为通侯"，"百四十有三人为侯，大侯不过万家，小侯五六百户，……始作铁券"②。具体方式就是用朱砂书写于"铁券"之上，存放于金匮，藏于石头砌成的宗庙之内，既是对铁券的尊重，也是对铁券的重视。但是，最初的铁券并没有免除罪责、免除死刑的权力，只是用作升官晋爵、封侯之用。被赐下铁券的有功之人和他们的后代，也有被判有罪，甚至被处以死刑的。而且，铁券分为两部分，左边的颁发给有功之人，右边的则存放在皇族宗庙内作为存档。宗庙是供奉神灵的地方，藏在这里，是一种邀请神灵遵守誓言的方式。有功之人，有了这张铁券，就可以享尽荣华富贵，死后也可以由自己的子嗣继承。若是有功之人，或者他的后人有过错，也可以用其作为证据，根据他的功劳，获得赦免。世世代代下来，封建朝廷给有功之人颁发一张铁券成为一种非常高的荣誉。

北魏时期，孝文帝经常为宗亲、近臣颁授铁券，甚至还出现了大臣向皇帝乞求铁券，以作为护身之符的现象。南朝的宋齐梁陈四代，颁发铁券已较为普遍。"丹书铁券"有了免死的权限，最早就是在南北朝时期。隋唐以后，颁发铁券已成常制，凡开国元勋、中兴功臣皆赐给铁券，也给宠宦、宦官颁发铁券。赵匡胤登基后，自然也是继承该制度，对柴宗训母子予以厚待，并赐柴氏一张铁券，以担保柴宗训和他的后代，永世荣华富贵，纵有罪过，也不会加重刑罚。

---

① 《宋本汉书·一》，国家图书馆出版社 2017 年版，第 105 页。
② （明）曹昭撰，王佐补：《新增格古要论》（下），中国书店 1987 年版，第 253 页。

（二）古代丹书铁券的特点

"丹书铁券"既是封建社会维护地主阶级上层官僚特权的证件，也是历代封建王朝笼络功臣、驾驭臣僚、巩固统治的工具。历代帝王颁赐铁券，封赠臣僚并赋予一定特权，正是反映了对大地主大官僚集团的利用和依赖，希图通过"浩荡皇恩"，使臣僚死心塌地地为皇家竭忠尽力，以达统治永存、皇位永固之目的。当然，功臣沐浴浩荡皇恩，享受特权都是有条件、有限度的。一旦皇帝感到某个功臣的存在危及皇位、皇权，总是以种种借口，采用各种办法从肉体上予以消灭。不论是宗族至亲，还是盖世元勋，也往往难免一死。因此，多少功臣事成见弃，终遭杀戮，且常常株连九族，殃及子孙。汉高祖刘邦剪除异姓诸王，明太祖朱元璋屠杀功臣殆尽，正是封建帝王寡恩少情的生动写照。有学者评价道："铁券是我国古代社会中特殊的政治产物，铁券从它的缘起、发展，并逐渐成为制度化，充分体现中央君主专制主义不断加强趋向。不论铁券经历了哪个朝代，铁券本身有何变化，其颁赐的目的和原因有何不同，其根本目的都是统治阶级为了维护和巩固自己统治的一种政治工具。"[①]

三 "八议"制度的演变

"丹书铁券"制度的背后体现了中国古代的政治与法律特权制度。实际上，古代法律特权是一种系统化的制度安排，而这种系统化安排就是"八议"制度。

其一，西周时期，"八辟"原则发端于《周礼·秋官司寇·小司寇》中的"八议之辟"，简称"八辟"。该原则确立了八类人的特权，这八类人主要包括帝王亲戚、帝王的朋友、德行好的人、才能突出的

[①] 洪海安：《论"丹书铁券"的渊源与形制》，《社会科学家》2010年第1期。

人、立功之人、达官显贵、辛勤为国服务之人、前朝皇帝的后代，但这并不是规范意义上的法律规定，只能说是确立了一种"刑不上大夫"的礼制原则。

其二，魏晋时期"八议"实现了法律化、制度化。魏晋时期，社会结构出现比较大的变化，门阀士族成为把持社会资源的主要阶级，士族为了在政治、经济上巩固自身地位，开始在相关制度的建构上寻求突破。比如在政治制度安排上，创立"九品中正制"，使士族能够长久把持官僚系统。与之相应的是，为了获得刑罚上的特权，便将"八议"进行法律化、制度化，魏明帝制定《新律》时便将这一制度正式确立。

其三，隋唐时期"八议"制度完善化、系统化。隋代建立后，基本延续之前的法律规范，"八议"制度也被继承下来，隋文帝时期制定《开皇律》时，便将"八议"制度规定在正式文本之中，其内容与立法精神都继承前代。唐代则在继承隋代的基础上，在"礼法并用、德主刑辅"的指导下，同时考虑到统治阶级内部的矛盾缓和需求，把"八议"制度发展到一个新的高度。唐朝《唐律疏议·名例》中专门设立了"八议"，将八种具有特权地位的人作为法律的特例加以处理。其八大类均是延续周朝的"八辟"。犯罪应处流刑的，应依常律减去一等。如果犯下的是死罪，应按特殊的程序，将犯罪人所犯之罪，以及有资格参加八议之列者，呈送朝廷，由刑部提出处置建议，呈请皇上核准。

其四，宋代"八议"制度则延续了唐代以来的"八议"规定，并无变化，观察《宋刑统·名例》中的规定与《唐律疏议》中的规定并无二致。由此可见，到宋代，"八议"已经彻底固化，成为立法者们的共识，不因朝代的改变而变化。

四 "八议"制度的利弊

(一) "八议"制度的积极意义

1. 维护上层统治阶级的内部稳定。"八议"制度所优待的群体总体上来说属于上层统治阶级,这本身就是一个特殊的利益集团。对于专制皇权来说,维持上层集团内部的团结与稳定是维系统治的重要方面,通过刑罚的优待使上层集团成为既得利益集团,由此形成利益共同体,获得优待的利益集团则会倾其全力维护皇权。

2. 宣扬礼法,营造德治的治理理念。礼法合一,强调德治的意义,是专制皇权统治的重要宣传手段与治国方略,选取一定的人群给予刑罚上的优待,恰好可以在政治宣传上实现"明德慎罚"。而且,"八议"所对应的人群往往又是社会影响力较高的一部分群体,将他们作为仁政对象恰恰可以收到良好的政治宣传效果。

(二) "八议"制度的弊端

1. 破坏法律适用的平等观。"不患寡而患不均"不仅仅是社会治理理念,也是朴素的法感情。但"八议"制度严重地破坏了法律的平等性,而且以制度化的方式规定了这种不平等。

2. 提供特殊利益集团违法犯罪的动力。除了危害皇权以及国家安全类型的犯罪,这八类人群实施的普通犯罪都能得到优待,这意味着特殊利益集团只要不触犯禁区,在一定程度上可以"为所欲为"。换言之,特权者的一次任性行为可能会导致普通民众受到严重伤害,但受到的惩罚却较轻,明显体现出罪责刑不相适应,这在变相鼓励特权阶层实施犯罪行为。

3. 加剧阶级的对立,刺激社会矛盾的爆发。特权阶层犯罪不排除是阶级内部的对立,但很多情况下受害者往往是下层百姓,这无疑加剧了阶级的对立,在特殊时期或阶段往往会引发社会矛盾的爆发，最终反噬社会的稳定。

五 新时代追求法律面前人人平等

"八议"制度背后所体现的特权思想已被时代所抛弃。平等是人类社会的永恒追求。在不同的社会形态中，人们对平等的认识和实践存在明显差异。在原始社会中，人们基于血缘关系结成部落、氏族、部落联盟，形成了自然意义上的平等；在奴隶社会中，奴隶主占有奴隶的人身和劳动成果，奴隶对自己的劳动成果没有任何自由处置权，也没有任何权利主张权；在封建社会中，奴隶主占有劳动力，劳动者处于受剥削的地位，在政治上处于被统治地位；在资本主义社会中，资产阶级占有生产资料和大部分劳动成果，劳动者有了一定的自由权、财产权和劳动权。随着经济社会的发展和人类思想观念的进步，平等从法律领域扩展到道德、政治等领域。社会主义法律是人民当家作主的体现。社会主义法律不仅是平等原则和自由原则在法律上的体现，更是平等原则和自由原则在道德上、政治上的体现。社会主义法治强调人人平等、机会平等、权利平等、规则平等，强调在法律面前人人平等。《宪法》规定，"中华人民共和国公民在法律面前一律平等"；"任何公民享有宪法和法律规定的权利，同时必须履行宪法和法律规定的义务"。这充分体现了中国特色社会主义法治道路要求全体人民享有同等权利、履行同等义务。这一理念被称为"法律面前人人平等"原则。在现代法治社会中，法律面前人人平等原则还表现为国家尊重和保障人权、平等对待、禁止歧视等原则。这些原则是国家与人民之间基本关系的具体体现，是人民基本权利和自由得到充分保障的前提。具体到实现法律平等的途径和措施上，一是加强宪法实施和监督；二是全面依法治国；三是保障人民群众的权利。

中篇

从水浒看宋代刑事犯罪

第七章　从卢俊义看"十恶重罪"之一

卢俊义，北京大名府人，绰号"玉麒麟"，梁山排位第二。《水浒传》借宋江之口表述其人："北京城里是有个卢大员外，双名俊义，绰号玉麒麟，是河北三绝。祖居北京人氏，一身好武艺，棍棒天下无对。梁山泊寨中若得此人时，何怕官军缉捕，岂愁兵马来临！"[①] 可见卢俊义在当时社会中的影响力较大。

一　卢俊义被逼反过程

卢俊义是在《水浒传》第六十回"晁天王曾头市中箭"中第一次露面的，当时宋江等人正在为晁盖送葬，"守在寨子里，行善积德，追荐晁盖"，他们邀请了一位梁山城龙华寺的僧人，宋江询问北京的一些名人，这位僧人说的是河北的玉麒麟——卢俊义，宋江很想让卢俊义上梁山，吴用为此给他出谋划策。第六十一回"吴用智赚玉麒麟，张顺夜闹金沙渡"中，有关于卢俊义上山的描述：吴用和李逵一起下山，吴用假扮道士，李逵假扮道童，来到卢员外即卢俊义的家门口，向他讨要一两银子，让卢员外产生了兴趣，吴用假借道士之名，为卢员外推算出一场血雨腥风，"守不住家产，必死无疑"。卢员外不相信，吴用装出一副恼怒的样子，准备离开。卢俊义立即改变态度，请求他能

---

① （明）施耐庵、罗贯中：《水浒传》（下），人民文学出版社1997年版，第801页。

不能不要离开。吴用说，除非远赴东南万里，否则不会有人来救他，大丈夫若能明白这一点，便可扬长而去。卢员外曾在一面粉墙上写过一首诗："芦花丛里一扁舟，俊杰俄从此地游。义士若能知此理，反躬逃难可无忧。"卢俊义写上去的诗是一首藏头诗，每句的首字组成：卢俊义反。这已经构成了宋代的"十恶"之一——谋反，在《宋刑统·名例律》中，谋反是指"谋危社稷"，即图谋危害帝王，推翻国家政权。《宋刑统》将此种犯罪列为"十恶"之首，是因为谋反极大地威胁着封建王朝的统治和封建社会秩序的维护，应当受到严厉打击。

之后，卢俊义带领李固等人远赴"泰安州"做生意避祸，半路上却举起"战旗"去挑战梁山泊，结果在去梁山的过程中被人伏击，与李逵、鲁智深、武松、刘唐等人发生冲突。卢俊义以少敌多，乘小船逃跑，结果被张顺生擒，送上了梁山。卢俊义并不愿意在梁山当土匪，所以宋江、吴用，还有梁山的一群兄弟，以"虚情假意"的方式，将卢俊义"软禁"了两个多月，给人一种当了"土匪"的错觉。宋江、吴用让卢俊义的总管李固先回到大名府中，告诉他卢俊义已经成了"二当家"，并且暗中向他解释了卢俊义的"反叛"之意，让李固将卢俊义成为"土匪"之事向大名府告发。而在卢俊义执意不当土匪，表现出非要离开山门的态度之后，宋江等人才终于将他给放了出来。

卢俊义回府不久，便被官兵包围。原来，卢俊义的夫人贾氏已经嫁给了李固。甚至，李固还将卢俊义与山贼勾结，想要偷袭大名府邸的事情，上报给了梁中书。梁中书抓住卢俊义，将卢俊义五花大绑，狠狠地揍了一顿，足足揍了他三四次，让他昏死过去。卢俊义再也忍耐不住，仰天长啸，说道："我命该如此，今日我自裁！"张孔目当即答应，找来一条百斤重的铁链，将他锁在大牢之中。

卢俊义的命运转折点就是那首所谓的"反诗"。谋反在古代是非常严重的犯罪，为此，我们以此为切入点分析"十恶"重罪中的"谋反、谋大逆、谋叛、大不敬"。

二 "谋反、谋大逆、谋叛、大不敬"的历史梳理

"十恶"重罪是古代社会严厉打击的犯罪,尤其是"谋反、谋大逆、谋叛、大不敬",其中前三种犯罪,仅要求有预谋的意思即可构成犯罪,即便没有出现实质性的结果也不影响犯罪的构成。

(一)古代"谋反、谋大逆、谋叛、大不敬"的定义

封建政权的首要任务就是维护皇权,而封建政权的利益高于一切,其他阶级的需求也必须服从于这个任务。皇权即权力,所有的行动都必须按照权力的需要进行,以君王的利益为出发点,服从皇权统治,不能侵犯皇帝人身安全、皇帝权威和皇家尊严,否则将被视为与封建王朝为敌,将受到严厉的惩罚。

1. 谋反罪。谋反罪是指预先谋划或者实际施行推翻皇权统治的活动。谋反是对皇权的侵犯,是封建王朝中最严重的犯罪。在古代官方传统思想中,谋反是悖逆天理、国法和人情之举。其主要特点有三个。第一,不需要有真正的危害后果,只要是有预先谋划的行为,就可以成立本罪。第二,虽有谋反行为,实际上并不能造成危害结果的,也构成犯罪。[1] 第三,出言有违帝王权威,便构成本罪。

2. 谋叛罪。谋叛罪是指预先谋划或者实际施行背叛本国政权,倒戈于敌对势力的行为。本罪惩罚的对象聚焦于官吏,官吏若触犯谋叛一罪,"就是背叛以皇帝为首的封建王朝,实际上就是背叛皇帝,就是违反了皇权意志,就属不忠"[2]。本罪可以说是现行刑法中叛逃罪的历史起源。谋反与谋叛的区别主要在于,谋反强调颠覆皇权,大有取代

---

[1] 任东仁:《唐代"谋反罪"的立法与实践》,硕士学位论文,吉林大学,2018年。
[2] 俞荣根:《儒家法思想通论》,广西人民出版社1992年版,第588页。

皇帝之意；谋叛则强调勾结外敌，并不代表一定要将皇帝取而代之。

3. 谋大逆罪。谋大逆罪是指预先谋划或者实际施行破坏与皇权有关的各种特殊场所的行为。具体而言，王室、宫殿是皇帝居住办公的地方，宗庙、陵墓是供皇室祭拜之地和已故皇帝的安息之地，这些地方为皇帝特属，神圣不可侵犯，不允许普通人随便靠近，这体现了礼的法律化。毁坏或预谋毁坏王室、宗庙、陵墓和宫殿，是对皇权的不敬，对帝王失去敬畏之心，是"逆法而行、逆道而行"这种严重主观恶性的体现。

4. 大不敬罪。大不敬罪主要包括，故意触犯皇权的行为：盗窃皇帝祭祀的物品和皇帝日常使用的物品，盗窃及伪造皇帝的印章；因职务过失触犯皇权：给皇帝配药不合正方及题封有误，给皇帝做饭菜犯食禁，造舟船不牢固；因言辞触犯皇权：诽谤皇帝情理切害，对抗派遣出使的人等侵犯皇帝尊严和安全的行为。① 唐律对本罪的规定十分详细，具体而言，一是偷窃祭坛上的东西，若在祭坛上偷窃，是"大不敬"，但不在祭坛上偷窃，就不受处罚。且丢弃大祭用过的东西，也适用"大不敬"的罪名。二是为皇上配药、烹调不依规则的人，有主观过失也构成该罪。三是船只建造不稳，有主观过失的，按"大不敬"论处；有主观故意的，就是对皇上的生命造成威胁，应按"谋反"论处。而负责监理的人，则可减轻罪责，不算大不敬。四是污蔑君王，旧律例规定，凡言辞中有辱君王之语，皆为亵渎。但唐律中，"情理切害"一词，则是要求根据事实，宽宏大量，慎重处罚，这是对孔子思想的继承和发展。"大不敬"罪，其伦理色彩更为浓重和一目了然。② 本罪的规制范畴很广，除谋反、谋大逆、谋叛以外，一切侵犯皇权的相关行为均可适用本罪的规定。

（二）宋代以前"谋反、谋大逆、谋叛、大不敬"历史梳理

1. 原始社会时期。关于政治的犯罪，最严重的是夺取统治权和以夺

---

① 胡俊成：《唐宋时期大不敬罪研究》，硕士学位论文，华东政法大学，2017年。
② 俞荣根：《儒家法思想通论》，广西人民出版社1992年版，第588页。

取统治权为目的而危害统治者的犯罪行为。《尚书·吕刑》:"蚩尤惟始作乱。"《史记·五帝本纪》:"蚩尤作乱,不用帝命。"积极地"作乱"和消极地"不用命",是典型的政治犯罪不可分割的两方面。《左传·文公七年》:"兵作于内为乱。""内乱"是与统治者实行军事对抗,也就是造反。"不用命"就是不顺从命令。贾子《道术》:"反顺为逆。""逆"和"屰"同音,属于陌韵。逆借为"屰"。"屰"是不顺。《国语·晋语》注:"逆,反也。"《广雅·释诂》曰:"逆,乱也。"在五帝时代,"反逆"和"乱"词异义同。①

2. 夏商周时期。到三代,剥削者统治被剥削者的合理性已被提到可与自然规律等量齐观的高度。因而认为,背叛、反对统治者是"逆天地"(《大戴礼·本命》)。欺君、造次和要君(《大戴礼·本命》注),都是逆天地的表现形式。《说文解字》:"欺,诈欺也。"《荀子·性恶》注:"欺,诳也。""欺"是颠倒是非和虚实,使君王误解。《尔雅·释言》:"造,为也。""次"当是"涎"(音"涎")的误字,"次"和"虔"音近,"次"借为"虔"。《集韵·仙韵》:"虔,杀也。""造次"实是造次,亦即"造虔",就是弑君。"要"和"邀"同音,"要"借为"邀"。《集韵·宵韵》:"邀,遮也。""遮"是拦阻。"要君"实是"邀君",亦即拦阻君王行动。

3. 秦汉时期。秦律规定了"谋反、诽谤、犯上"等罪名,汉律规定了"大逆不道、大不敬、恶逆"等罪名。这些罪名所承载的内容非常庞杂,"谋反""谋大逆""谋叛"等罪名所要求的基本内容也可在其中找寻到痕迹,可以说,十恶犯罪就是从秦汉时期的"大逆、不道、不敬"等罪不断演变而来的。因此,"汉的'不道'罪伴随着法律概念的发达而分化,并与唐的'十恶'发生联系"。②

---

① 蔡枢衡:《中国刑法史》,广西人民出版社 1983 年版,第 148 页。
② [日] 大庭脩:《秦汉法制史研究》,林剑鸣等译,上海人民出版社 1991 年版,第 119 页。

其一,"反"有举兵作乱之意,如长安君成蟜反(《史记·秦始皇本纪》)、吴楚七国反(《汉书·景帝纪》)。谋反和大逆是同一罪名:吴楚七国反,诏书称为"逆"(《汉书·景帝纪》);新垣平反,称为"谋大逆"(《汉书·五行志》),都是著例。①

其二,"不敬"指礼节亏欠,尤重者为"大不敬"。例如,称诈、虚设、非所宜言(《汉书·陈汤传》),醉歌宗庙堂下(《汉书·功臣表》)。"不敬"包括大臣奏事泄露、令吏民传写、流闻四方(《汉书·师丹传》),置天子之弓于地(《太平御览》卷三、四、七引谢承《后汉书》),奉使不敬(《汉书·赵充国传》),持虎符出界归家(《汉书·冯野王传》),教子上书,称引不当,失臣体(《汉书·萧望之传》),骂座(《汉书·灌夫传》),骑至司马门(《汉书·外戚恩泽侯表》)等。②

4. 魏晋南北朝时期。曹魏继承了汉代有关"大逆不道、不敬"之罪的规定,同时对上述罪名的规定也更加具体精细。在该时期,"大逆不道"罪,主要适用的情形是统治阶级内部的斗争,政权易手,性质不变。而"谋反大逆",主要适用的情形是封建帝王和叛乱势力的斗争,关系到封建政权的生死存亡。因此,谋反大逆的量刑远比大逆不道要重得多。"大逆不道"包括单纯杀君,例如,项羽杀义帝(《史记·高祖纪》)、欲求禅位(《汉书·盖宽饶传》)以及不称德行而无臣子礼(《汉书·晁错传》)。《魏律》改为单纯用言语侵犯当世皇帝或先君,即为大逆不道(《晋书·刑法志》引《魏律·序》),"不道"指"逆节绝礼"。

至两晋时期,法律越加重视和维护封建纲常伦理,对违反封建礼教的行为施加更为严厉的惩罚。在该时期,出现了"谋反"这一罪名,并且"恶逆"与后世法律的规定也有较大差别。《注律表》曰:"陵上僭贵谓之恶逆",也即,恶逆的本质就是扰乱尊卑等级秩序。

《北齐律》首次规定了"重罪十条",分别为反逆、大逆、叛、降、

---

① 蔡枢衡:《中国刑法史》,广西人民出版社1983年版,第149页。
② 蔡枢衡:《中国刑法史》,广西人民出版社1983年版,第149页。

恶逆、不道、不敬、不孝、不义、内乱。若犯重罪十条，不适用八议和赎刑的有关规定。此后，《北周律》虽然在律文中并未使用"重罪十条"等相关用语，但仍然对有关重罪十条的犯罪行为进行打击制裁。并且，除《北周律》之"谋反""大不敬"为《北齐律》之"反逆""不敬"外，其余罪名尽同。①南朝梁、陈的法律基本上与北周相同。

5. 隋唐时期。隋朝时期的《开皇律》，正式明确规定了"十恶"重罪。唐朝时期，《唐律》对隋朝规定的"十恶"重罪的内容进行了继承和发展。与"重罪十条"相比，"十恶"对威胁和侵犯皇权统治犯罪的处罚力度大大加强。例如，"重罪十条"中规定的"反逆""大逆""叛"，"十恶"在此三个罪名中增加了一个"谋"字，也即修改成为"谋反""谋大逆""谋叛"，强调"谋"便加大了对侵犯皇权行为的法律制裁力度。这表明，已经产生侵犯皇权的意图，即使并没有实际付出相应的行动，也可以构成这三个犯罪。同时，唐律删除"降"、增加"不睦"，加大了对纲常伦理的法律保护力度。

"十恶"重罪所适用的刑罚十分严酷苛刻，甚至还会牵累罪犯的亲属。例如，触犯"谋反"罪，罪犯的父母、妻子、兄弟、姐妹等亲属皆会受到连坐，甚至会被判处死刑。并且，触犯"十恶"者，还不得享有"议""请"等法律明文规定的赦免特权。

三 宋代"谋反、谋大逆、谋叛、大不恭"历史梳理与评析

（一）"谋反、谋大逆、谋叛、大不恭"的内容

"十恶"是十种重罪的通称，分别是：谋反、谋大逆、谋叛、恶逆、不道、大不恭、不孝、不睦、不义、内乱。②《宋刑统·名例律》解释道：

---

① 何勤华、张顺：《民族智慧的叠加：唐代中华法律文化的辉煌》，《法学论坛》2022年第1期。
② 戴建国：《宋代刑法史研究》，上海人民出版社2008年版，第117页。

在五刑的适用范围内,"十恶"是最严重的犯罪行为,背弃礼法、侵犯皇权,因此特别将"十恶"重罪标于篇首,以此来明白告诫民众。

谋反,"谓谋危社稷",即图谋危害帝王,推翻国家政权。法律规定,触犯谋反之罪者,要被判处斩刑;其年龄在十六岁以上的男性亲属都要被判处绞刑,年龄在十五岁以下的男性亲属、母亲、女儿、妻妾、儿子的妻妾、祖孙、兄弟、姊妹、部曲奴婢都要被没入官府成为奴隶,其资产、田宅也要被官府没收。

谋大逆,"谓谋毁宗庙、山陵及宫阙",即图谋毁坏皇帝的宗庙、陵墓和宫殿。法律规定,触犯本罪者,要被判处斩刑;其年龄在十六岁以上的男性亲属都要被判处绞刑,年龄在十五岁以下的男性亲属、母亲、女儿、妻妾、儿子的妻妾、祖孙、兄弟、姊妹、部曲奴婢都要被没入官府成为奴隶,其资产、田宅也要被官府没收。

谋叛,"谓谋背国从伪",即图谋背叛国家,投奔他国或伪政权。法律规定,触犯本罪者,要被判处绞刑,已经实施犯罪行为的,要被判处斩刑,其妻子要被判处流二千里之刑;如果率领众百人以上实施犯罪的,其父母、妻子要被判处流三千里之刑。

大不恭,是《宋刑统》的特有表述,在唐代该罪的名称为"大不敬",宋代因避太祖赵匡胤祖父赵敬名讳,改为"大不恭"。是指对帝王不恭敬的言行举止。此罪涉及多项内容,法律对此有不同等级的惩处规定:盗窃皇帝用于祭祀的祭品的,流放二千五百里;盗窃皇帝生活用品的,要被判处绞刑;乘坐皇帝车辆用具的,流放二千五百里;为皇帝合药时没有按照药方配药或写错了封题的,要被判处绞刑;给皇帝制造车辆或船只因失误而不牢固的,要被判处绞刑;严厉指责皇帝,情理切害的,要被判处斩刑;对于皇帝派出的使者不够尊敬的,要被判处绞刑。

(二)"谋反、谋大逆、谋叛、大不恭"的特点

第一,维护国家安全的核心要义是维护"君权"。"谋反、谋大逆、

谋叛、大不恭"罪是"忠顺于君""君为臣纲"纲常伦理思想的反映。在古代意识形态中,"不忠为大恶"的思想根深蒂固,不忠为大罪,这些罪行似乎都试图侵犯君主的个人利益和他所代表的统治阶级的利益。但是,将这些罪行包括在"十恶"中,其立法目的已经超越了这个问题,而将其提高到更高的层次,即为了维护封建君主"君为臣纲"的原则和"忠诚"的道德,以此维护统治体系的稳固。①

第二,量刑上的处罚格外加重,以凸显惩罚目的。一是宋代法律对"十恶"重罪的惩处格外加重。对于人民群众侵犯皇权的行为,甚至不会对嫌犯进行审问,均予以暴力压制,对隶属于统治阶级的成员的侵犯皇权的行为,也严厉看管、重权压制。其中,有些人已经露出了反抗的意图,有些人甚至完全是被栽赃嫁祸的,但无论哪一种,皆被判处死刑,且在刑罚的实际执行中,法律完全形同虚设,法外用刑十分普遍。二是取消相应的特权优待。官员触犯"十恶"重罪,不得享有"议""请"等法律明文规定的赦免特权。

第三,入罪门槛较低,且具有解释的随意性。一是预备行为即被处罚。"谋反""谋大逆""谋叛"的前身是"重罪十条"之中的"反逆""大逆""叛",这表明,成立"谋反""谋大逆""谋叛",行为人仅有犯罪意图,或者处于实施犯罪行为的预备阶段即可,不要求行为人"着手"实施犯罪,这就为扩大刑法的打击惩罚范围提供了可供实施的条件。"重罪十条"要求行为人实际施行了危害帝王、推翻国家政权等的犯罪行为,重在行为人的"着手",是事后的打击。这无法从最初的犯罪动机的产生上进行惩罚,不利于维护皇权统治。而"十恶"开始注重事前防预,从犯意产生的思想源头上对臣民的行为予以制约。只要行为人有侵犯皇权的预谋,无论是否实际实施了自己的犯罪意图,都会受到严厉的刑罚。"所谓'谋',不是行为的结果,而仅仅是一种意图。所以,将'谋反''谋大逆''谋

---

① 俞荣根:《儒家法思想通论》,广西人民出版社1992年版,第587页。

叛'作为大罪来惩罚，不是惩罚侵犯君主和国家安全的行为，而是惩罚'不忠'的主观恶性。"① 二是部分过失行为也受到刑罚处罚。现代刑法理论规定，造成严重危害后果时，才将过失犯纳入犯罪的规制范畴。但是，唐律、宋律将有侵犯皇权嫌疑，却未造成任何危害后果的行为纳入"十恶"予以处罚，比如，在皇帝身边非故意的工作失误属于"十恶"中的"大不敬"。仅凭主观过错就将其归咎于犯罪，这在世界刑法发展史上也是罕见的。

四　树立新时代总体国家安全观

"防范危害国家安全的行为"的观念自古至今一直存在。侵犯皇帝或者国王的人身安全及其权威的行为是古代危害国家安全罪的核心部分，现代社会依然需要打击危害国家安全的犯罪。在各国刑法中，"危害国家安全犯罪"这一历史观念对刑法的间接作用是很常见的，比如，"谋反"一词在中国古代曾被视为"十恶不赦"之举，是危害国家安全犯罪的重要罪名之一。

（一）"国家安全"的古今之异同

古今对国家安全内涵的理解高度不同。从中国古代危害国家安全犯罪的特征来看，虽未见近现代危害国家安全犯罪的形态，但历朝均有危害国家安全犯罪的立法，并以危害国家政权和国土安全、危害皇权、危害国家根本利益、危害国家基本制度以及投敌叛逃等为主要打击目标。其中，以"十恶"中的"谋反、谋大逆、谋叛"为中心，虽因时代变迁而有了新的发展，但始终以国家利益是否受到威胁作为犯罪是否成立的标准。且一经定罪，不得享有"八议"

---

① 俞荣根：《儒家法思想通论》，广西人民出版社1992年版，第587页。

和"官当"等特殊待遇。①且最关键的在于,古代对于国家安全的认定是与皇权、君主紧密相连的,很多情况下君主利益与国家利益高度同质化。

随着社会历史的发展和进步,当今《刑法》也不断完善发展。《刑法》大致将犯罪区分为对国家的犯罪和对社会及民众的犯罪。前者,因其涉及国家安全问题,我国《刑法》将其置于分则第一章中,且位于各罪之首。后者,作为普通犯罪,因其涉及社会主义市场经济秩序、人身财产权益等,我国《刑法》将其置于分则第二章至第十章。②换言之,今日的"国家安全"的概念已经不同于封建君主专制时代的内涵,更不与皇权所绑定,而是以人民为中心的国家安全理念。

(二) 总体国家安全观的重大意义

总体国家安全观,"是我们党历史上第一个被确立为国家安全工作指导思想的重大战略思想,是习近平新时代中国特色社会主义思想的重要组成部分"。③面对国家安全形势呈现出的新的形势和新的挑战,必须坚持"总体国家安全观"。目前,我们的国家正处在从强大走向强盛的重要时刻,但国家安全形势依旧严峻。各种敌对势力相互勾连,周边地区的领土主权之争、军事安全威胁、民族宗教冲突等问题日益突出,给国家和社会的稳定与和谐制造了阴霾。因此,我们应当始终坚持总体国家安全观,努力构建集政治安全、国土安全、军事安全、经济安全、文化安全、社会安全、科技安全、网络安全、生态安全、资源安全、核安全等于一体的国家安全体系,确保国家整体的安全机

---

① 张永健:《危害国家安全罪的过去、现在和未来》,硕士学位论文,中国政法大学,2010年。
② 李正新:《总体国家安全观的刑法实践理性思考》,《政法论丛》2021年第6期。
③ 陈文清:《牢固树立总体国家安全观在新时代国家安全工作中的指导地位》,《求是》2019年第8期。

制能够综合发挥作用。

总体国家安全观是新时期进行国家安全工作的一面意识形态旗帜,是保证民族和人民长久稳定、乐业安居的根本所在。国家安全教育更是立德树人工作的重要组成部分,是帮助青少年树立总体国家安全观、热爱国家和民族的重要抓手。

(三) 强化青少年国家安全观教育

青少年作为社会主义国家未来的建设者和接班人,又恰逢人生观、世界观、价值观养成的关键时期,应当对其开展和强化国家安全教育,使其树立正确的国家安全观念和法治意识,理解国家安全对于个人的价值和重大意义,清楚在维护国家安全方面所享有的权利以及应该承担的义务和责任,从而肩负起中国青年的责任感和使命。[①] 近年来,我国持续推进青少年的国家安全教育,已取得显著成效,但仍需要进一步强化。

1. 强化青少年国家安全理念教育。青少年的国家安全教育应当先从理念抓起,习近平总书记在党的二十大报告中指出:"国家安全是民族复兴的根基,社会稳定是国家强盛的前提。必须坚定不移贯彻总体国家安全观,把维护国家安全贯穿党和国家工作各方面全过程,确保国家安全和社会稳定";"青少年国家安全教育的实施要以总体国家安全观为总纲领,深化对总体国家安全观的理解和认识,把贯彻落实总体国家安全观作为青少年国家安全教育的首要目标"。[②] 将国家安全理念融入青少年的日常生活中去,使青少年认识到国家安全的重要性,是实现国家安全教育的第一步。

2. 注重教育内容的科学性、合理性、生动性。总体国家安全观的

[①] 郑彩华:《中小学安全教育的内容与途径》,《中国德育》2020年第23期。
[②] 马乔恩、吴玉军:《总体国家安全观视域下的青少年国家安全教育》,《思想政治课教学》2019年第11期。

内容涉及广泛，如何设置教育内容至关重要，这里面包括：一是课程内容的科学性。青少年国家安全教育是一个长期的过程，小学、初中、高中、大学各阶段都应当开展国家安全教育，因而不同阶段的国家安全教育内容的衔接设置应当科学。要对学生与学校的实际情况深入调研，结合学生的年龄和身心特点等，科学合理制定、精细完善优化不同学习阶段的授课内容、方式方法、评价标准等，让青少年国家安全教育更加科学、更加有效。二是课程内容设置的合理性。国家安全教育应当与思政课程相结合，设置相应的课程内容，而且要注重课程内容设置的合理性，强化国家安全意识，通过延伸、拓展学科知识，着力强化学生的国家安全意识，丰富国家安全知识，凸显国家安全的代表性。三是教学方式的生动性。要避免单纯的说教，要将国家安全教育的内容以生动的方式输出。教师应根据学生的兴趣和需要，以及他们所面对的问题，开展有针对性的教育；并积极利用现代信息技术，以影视、音乐等形式，丰富学生的直观体验，激发青少年学习国家安全知识的积极性。

3. 注重形成青少年国家安全教育的合力。青少年的国家安全教育是长期化的事业，学校是开展国家安全教育的重要阵地，但仅依靠学校开展国家安全教育是远远不够的。学校作为国家安全教育的重要发起点与平台，要充分利用家长委员会、家长开放日等各种形式，在家庭和学校之间建立良好的家庭和学校合作关系。同时，教育行政机关应加强与公检法等机关、社区等基层群众自治组织等的协作，建立多方协作的社会育人平台，促进社会各方资源在青少年国家安全教育中的共享与共建。

第八章　从杨雄看"十恶重罪"之二

杨雄，梁山排名第三十二，星号为"天牢星"，其出场于《水浒传》第四十四回，其人"生得好表人物，露出蓝靛般一身花绣，两眉入鬓，凤眼朝天，淡黄面皮，细细有几根髭髯。那人祖贯是河南人氏，姓杨名雄。……因为他一身好武艺，面貌微黄，以此人都称他做病关索杨雄"。[①] 杨雄的外号"病关索"较为新奇，比起"智多星""及时雨"有些让人摸不着头脑。实际上，关于杨雄的绰号为什么叫"病关索"有不同的解读。其中，对于"关索"并无争议，无非因为"关索"被认为是武胜关羽的第三个儿子，是武艺超群、武功卓著的代表，而杨雄出身刽子手，自然是有一种"勇"的特性，将杨雄与关索相比较无非是体现其人武艺高超。争议在于对"病"字的解释，主要是有两种解读：一是杨雄天生脸色蜡黄，有一种病态感，因而被称为"病"；二是杨雄比之关索都略胜一筹，"病"在此作为使动词，意即"使关索不如"。按照《水浒传》的一贯写作风格，第二种解释更为合理。

一　翠屏山杨雄杀妻的行为分析

在《水浒传》的各种凶残暴力场景中，选择"杨雄杀妻"这一段

[①] （明）施耐庵、罗贯中：《水浒传》（上），人民文学出版社1997年版，第590页。

加以分析，主要是因为，杨雄所杀之人是自己的妻子，而非仇人、陌生人、朋友等，这无论是在古代还是现代，都是非常严重的犯罪。

（一）杨雄杀妻的前因

杨雄的妻子是潘巧云，潘巧云和杨雄是二婚，按照原著中的说法，她起初嫁给了蓟州的一位官员，名叫王押司。王押司去世两年后，潘巧云方晚嫁给了杨雄。潘巧云虽然是个屠户的女儿，但因她姿色不凡，能够先后嫁给押司、押狱。不过，杨雄虽然很少出门，但他的工作很忙，一个月里有二十天要在监狱里过夜，客观来讲，杨雄的确对家庭、对伴侣缺乏关心，为人较为冷漠。只不过潘巧云也非善类，所以潘巧云在结婚两年后不甘寂寞，给了报恩寺和尚裴如海乘虚而入的机会。裴如海本是裴家绣坊的一个小伙计，机缘巧合之下，成了一个和尚，对潘巧云爱慕已久，一直蠢蠢欲动，后来在裴如海不停地恳求下，潘巧云最终与裴如海通奸。两人自以为通奸之事做得天衣无缝，神不知鬼不觉，但聪明的石秀早已察觉。

石秀便将此事告予杨雄："哥哥每日出来，只顾承当官府，却不知背后之事。这个嫂嫂不是良人，兄弟已看在眼里多遍了，且未敢说。今日见得仔细，忍不住，来寻哥哥，直言休怪！"杨雄道："我却无背后眼，你且说是谁。"[①] 石秀道："前者家里做道场，请那个贼秃海阇黎来，嫂嫂便和他眉来眼去，兄弟都看见。……今日五更被我起来张时，看见果然是这贼秃，戴顶头巾，从家里出去。似这等淫妇，要他何用！"[②] 杨雄听后大怒，遂与石秀定下捉拿大计。石秀道："哥哥且息怒，今晚都不要提，只和每日一般。明日只推做上宿，三更后却再来敲门，那厮必然从后门先走，兄弟一把拿来，从哥哥发落。"[③] 杨雄

---

① （明）施耐庵、罗贯中：《水浒传》（上），人民文学出版社1997年版，第609—610页。
② （明）施耐庵、罗贯中：《水浒传》（上），人民文学出版社1997年版，第609—610页。
③ （明）施耐庵、罗贯中：《水浒传》（上），人民文学出版社1997年版，第609—610页。

回去后，潘巧云恶人先告状，反诬石秀不检点，引得杨雄不满，石秀发觉后只得暂时离开杨雄家，杀掉了裴如海。裴如海一死，杨雄自知石秀是被冤枉的，于是"那妇人只得把偷和尚的事，从做道场夜里说起，直至往来，一一都说了"①。

（二）杨雄杀妻的后果

杨雄本非良善之人，接下来的杀妻手段着实无情，全无人性。"杨雄割两条裙带来，亲自用手把妇人绑在树上。……迎儿见头势不好，却待要叫，杨雄手起一刀，挥作两段。……杨雄向前，把刀先斡出舌头，一刀便割了，且教那妇人叫不的。……一刀从心窝里直割到小肚子上，取出心肝五脏，挂在松树上。杨雄又将这妇人七事件分开了，却将头面衣服都拴在包裹里了。"② 这杨雄杀妻的过程，是水浒全篇非常少见的害命细节。杨雄也的确暴虐，因为在宋代，有两个法定离婚条件——义绝和七出。义绝是指，丈夫殴打妻子的祖父母、父母，杀害妻子的外祖父母、伯叔父母、兄弟、姑姑、姊妹；双方的祖父母、父母、外祖父母、伯叔父母、兄弟、姑姑、姊妹相互杀伤人；妻子打骂丈夫的祖父母、父母，伤害或者杀死丈夫的外祖父母、伯叔父母、兄弟、姑姑、姊妹；妻子同与丈夫亲疏关系为缌麻以上等级的亲属通奸；丈夫与妻子的母亲通奸；妻子想要杀害丈夫。同时规定，妻子虽未嫁入但双方已订婚，也遵从义绝的规定。潘巧云与裴如海通奸并不符合义绝的情形。七出包含七种情形：妻子无法生育，妻子与丈夫之外的男性发生性关系，妻子不孝顺丈夫的父母，妻子喜欢嚼口舌、说是非，妻子偷东西，妻子好忌妒，妻子身患严重疾病。潘巧云与人通奸证据确凿，因而她的行为是符合七出"淫佚"的规定，杨雄完全可以休了她，而他却选择了残忍杀害他的妻子。

---

① （明）施耐庵、罗贯中：《水浒传》（上），人民文学出版社1997年版，第619页。
② （明）施耐庵、罗贯中：《水浒传》（上），人民文学出版社1997年版，第620页。

按照古代法律，杨雄残忍杀妻，而且对尸体进行肢解、侮辱的行为符合"十恶"重罪中的"不道"，即"杀一家非死罪三人，支解人，造畜蛊毒、厌魅"。由此为切入点，本书分析一下"十恶"重罪中侵犯族权（家庭）秩序与社会秩序的相关犯罪。

二 宋代法律中的"恶逆、不道、不孝、不睦、不义、内乱"

中国自古就是一个重视伦理秩序的国度，因此，在中国古代，纲常伦理在意识形态中占据着主导地位。儒家学说是纲常伦理得以建构的政治哲学基础[①]，儒家伦理纲常对中国古代封建社会具有深刻影响，其作为封建社会的主旋律随着朝代的更迭不断演变，到了唐代，其发展达到巅峰，并得到了全面的诠释，在各种制度中都有了很好的体现，是所有制度和规定的基本出发点，可以说是贯穿整个封建王朝的主导思想。而"十恶"正是伦理价值观的具体表现，在封建法律体系中具有其独特的位置，这种纲常伦理的思想主要从"国"与"家"两个层面加以体现。前一章分析了"十恶"重罪中的"谋反、谋大逆、谋叛、大不敬"四个罪名，这四个罪名主要是针对"国"的治理，而"恶逆、不道、不孝、不睦、不义、内乱"则主要体现了对"家"的治理。某种程度上，两类罪名具有相通之处。

上一章在介绍"谋反、谋大逆、谋叛、大不敬"等罪时，基本上梳理了"十恶"重罪的演变历史，此处不再赘述。《宋刑统·名例律》中对"恶逆、不道、不孝、不睦、不义、内乱"等罪行为进行了界定，本节做简要分析。

---

① 田小龙：《论中国农业社会治理的伦理基础：纲常伦理》，《武汉科技大学学报》（社会科学版）2023年第4期。

（一）恶逆

《宋刑统·名例律》中对"恶逆"的规定是："谓殴及谋杀祖父母、父母，杀伯叔父母、姑、兄姊、外祖父母、夫、夫之祖父母、父母。"从律文中可以看出，这是一条有关家庭伦理方面的规定，对殴打及杀害亲属的行为进行处罚。议曰："父母之恩，昊天罔极。嗣续妣祖，承奉不轻。枭镜其心，爱敬同尽，五服至亲，自相屠戮，穷恶尽逆，绝弃人理，故曰'恶逆'。"这里突出了五服之内尊亲属的重要地位及其生命的特殊意义。

殴打谋杀亲属是"十恶"中破坏家族宗法伦理关系最严重的一种，仅次于"谋反、谋大逆、谋叛"三大政治罪，是"十恶"中最早涉及"宗法"的一种犯罪，也是中国古代儒家伦理在法律制度中的重要体现。家庭关系的有序恰恰是维护政权稳定的重要方面，这为君主专制的统治提供了有力的保障。但其中的规定有一定的限制，那就是将恶逆罪限制在"五服至亲"之内，这是因为中国古代确立了"五服制度"以确定人与人的亲疏远近，"服制"原意是指中国古代通过丧服来区分亲族关系远近和高下等级的一种制度。在古代，亲人的服制有五个等级：斩衰亲，服丧三年，穿上最粗糙破烂不缝边的粗麻衣；齐衰亲，服丧一年以内，穿缝边的次粗糙的粗麻衣；大功亲，服丧五月，穿粗熟麻衣；小功亲，服丧五月，穿稍粗布丧服；缌麻亲，服丧三月，穿细熟布丧服。丧服可谓"越亲越破"。"服制"既是"继承"等权利的根据，又是"亲族"犯罪时在量刑上的不对等原则的规定。在刑律的运用上，凡是服制越接近，就越有尊卑之分，从而就越有轻重罪之分。亲属相犯，只要是尊犯卑均比照常人减轻处罚，卑犯尊则加重处罚。[1]"准五服制罪"制度的建立，是法律儒学化的一个重要标志，对明、清两代都产生了深远的影响。《晋律》第

---

[1] 罗园园：《"准五服以制罪"析论》，硕士学位论文，苏州大学，2020年。

一次确立"准五服以制罪"的制度,并为后世继承。

(二) 不道

《宋刑统·名例律》对"不道"的规定为:"谓杀一家非死罪三人,及支解人,造畜蛊毒、厌魅。"《宋刑统·名例律》对该罪的解释是"安忍残贼,背违正道,故曰不道"。"不道"罪的内涵源远流长,在中国古代法律体系中占有举足轻重的地位。《北齐律》将"不道"罪归为"重罪十条"。在后世,《开皇律》《唐律疏议》将其列入"十恶"之列,并对其进行了深入的研究,使其成为一种基本的犯罪形态。从唐朝中华法系的确立一直到清末,"不道罪"一词的含义并没有发生任何变化。"不道"罪存在四种具体形态:杀一家非死罪三人、支解人、造畜蛊毒、厌魅。

1. 杀一家非死罪三人。构成"不道"罪是有严格限制的。参照《唐律疏议》名例凡七条·不道[疏]议曰:"谓一家①之中,三人被杀,俱无死罪者。若三人之内,有一人合死及於数家各杀二人,唯合死刑,不入十恶。或杀一家三人,本条罪不至死,亦不入十恶。"这意味着必须完全符合四个必要的条件才构成"不道"罪:首先,所杀之人是一家人,具有成员身份限制;其次,所杀之人数必须是三口人,包括三口人以上,少于三人不构成该罪;再次,所杀之人必须是没有死罪的人,如果被杀的人本身犯有死罪,则不构成该罪;最后,按照律条规定,有些杀人行为,不被判为死刑的,也不构成"不道"罪,这是因为封建时代有身份等级贵贱之分,身份高的人杀死所谓身份低的人,虽构成犯罪,但不至于判死刑,因而这一类也不构成"不道"罪。

---

① "一家"的范围,参考《唐律疏义》卷十七《贼盗律》总第二百五十九条注文中的规定:"同籍及期亲为一家",且"同籍不限期亲,期亲别籍亦是"。就是说,被杀人只要是同籍,就不论是否是期亲。虽然不是同籍,但只要期亲也算为一家。

2. 支解人。"支解人"是"不道"罪的第二种情形，即杀人并支解肢体。无论先杀后残，还是先残后杀，皆属"支解人"的行为。在杀人的时候肢解，或者在杀人之前肢解，都属于"支解人"，均归为"不道"。在这个问题上，有一种特别的重要情形，叫作"绝时"支解，"绝时"的意思是：最初的侵扰和斗争已经停止，又隔了一段时间再行肢解的，则不属于该罪的规制范畴。

3. 造畜蛊毒。"造畜蛊毒"是"不道"罪的第三种情形。所谓"造畜蛊毒"是指"造合成蛊，堪以害人者"。蛊或者蛊毒是指，"由人工制成或养成的用来害人的毒物、毒虫，或者用巫术召唤的妖异之物"。放蛊是中国古代遗传下来的神秘巫术。因此，造畜蛊毒通俗来讲，就是下毒。但议曰："造合成蛊，虽非造合，乃传畜，堪以害人者，皆是。即未成者，不入十恶。"这是指配制成蛊毒，或者不是配制，只是引来畜养，足以杀害人的，都属于这种犯罪。如果属于配制未完成的情况，就不列入"十恶"。

4. 厌魅。"（行）厌魅"是"不道"罪的第四种情形，《宋刑统·名例律》曰："厌魅者，其事多端，不可具述，皆谓邪俗阴行不轨，欲令前人疾苦及死者。"从现代科学研究的角度来看，所谓的"厌魅"就是通过"诅咒"之类的迷信手段去害人，这种犯罪不可能达到最终想要实现的犯罪效果。但是在古代，迷信是一种具有普遍性的问题。古代人认为，这种"厌魅"行为，可以让人得病，甚至丧命，即便最后结果没有发生，但也应严重处分。因而对"厌魅"极为重视，不仅将其归为一种犯罪，还被列为十大罪状之一。

（三）不孝

"孝"文化在中华传统文化中占有重要地位，宋代一向很重视孝道的宣扬，"与宋以前各代有关孝德教化的论述相比较，宋代君臣说孝论孝虽难免因袭重复，流于老生常谈，但由于此类孝论反复出现在宋代的诏敕、奏议或文书告谕中，必然产生一种强烈的自上而下的舆论导向，对民间孝德教育形成一股强有力的官方意识推动"①。反映在法律上的重要之处就是"不孝"罪。

"善事父母曰孝。既有违犯，是名'不孝'。"这是古代法律对孝与不孝的定义。《宋刑统·名例律》将"不孝罪"规定为以下五种类型。

一是告言、诅詈祖父母父母。《宋刑统·名例律》强调，本条只规定"告、诅詈祖父母、父母"，注又说"告言"，词语虽不同，含义却一样。"诅"如同"咒"，"詈"如同"骂"。《宋刑统·名例律》规定，"诅咒要让人死或得病痛的，全以谋杀罪论处"，性质应是"恶逆"。只有用诅咒以求得偏爱的，才属于"不孝"之条。

二是祖父母父母在，别籍、异财。《宋刑统·名例律》指出，祖父母、父母在世时，子孙的赡养应该是无微不至的，外出亲禀，返家面告，家事处置不能自行决定。而且，分割财产且另立门户是一种违背孝道的行为，失去了对亲人的尊重，失去了感情与节操，从礼教上来说，这是不可饶恕的大罪。另立户口和分割财产，必须具备其中一项，才能构成"十恶"。

三是供养有缺。《宋刑统·名例律》指出，孝子对尊亲的供养，要让亲属开心，顺从他们的心意，为他们提供食物等生活必需品，并诚敬奉养。若供养有能够补足但不补足而造成缺损的情况，须经祖父母、父母检举，方可追责处罚。

四是居父母丧，身自嫁娶，若作乐，释服从吉。《宋刑统·名例律》强调，子孙在为父母服丧期间婚嫁，无论是首犯还是从犯，只要不是家中尊长主婚，都是不孝的体现。② 若属于只有主婚人被定罪的情形，则男女双方都不构成"不孝"。如果男子在丧事期间纳妾，依照法律，免除其两个官职之一；妇女在丧葬期间嫁人为妾者，比嫁出作妻的犯罪减轻三等量刑；此两种与妾室有关的婚嫁犯罪行为不被包括在

---

① 黄修明：《宋代孝文化述论》，《四川大学学报》（哲学社会科学版）2002年第4期。
② 蔡璇：《唐代不孝罪研究》，硕士学位论文，上海财经大学，2022年。

"不孝"罪之内。或有"作乐"者,自己玩乐戏赏音乐舞艺和派别人奏乐起舞耍戏而自己在一边欣赏的一视同仁。这些作乐行为,具体指的是敲钟、击鼓,奏丝竹、笙、石磬、埙、笛子,还有唱歌跳舞,以及属于杂技、魔术等百戏之类的行为。释服从吉就是脱丧服换吉服,即在二十七个月的时间内,脱去斩衰服而穿吉庆衣服的行为。

五是闻祖父母父母丧,匿不举哀,诈称祖父母父母死。《宋刑统·名例律》指出,在得知自己的亲人死去之后,以大声的哭泣来回应来报之人,哀哭毕才询问死亡原因。父母死亡是最痛苦的时候,要用手拍击着自己的胸膛,对着天空号啕大哭。如果隐瞒、不表现出悲伤,而是选择其他时间推迟举办丧事的,那就是"不孝"。而"假言祖父母已死",则是指祖父母尚在人世,但假言已死。若祖父母、父母先前已经死亡,诈称祖父母、父母现在死亡的,就不属于"不孝"。

(四) 不睦

《宋刑统·名例律》对"不睦"罪的规定为:"谋杀及卖缌麻以上亲,殴告夫及大功以上尊长、小功尊属"①,具体包括两种类型。

一是"谋杀及卖缌麻以上亲"。该类型是指,只要有谋杀或卖亲疏关系为缌麻及以上等级的亲属,无论尊卑长幼,都属此条之罪。若谋杀属于"服丧一年"的亲属尊长等,杀害完毕即入"恶逆"之罪。本条虽只提到谋杀,未提故杀、斗杀,但如果做出了故杀、斗杀的行为,也应属"不睦",因为律条所列举的谋杀不伤人本罪的行为情节轻微,而显然故、斗这种已经杀死他人的行为情节重于前者,轻重差别明显,所以故、斗杀亲之行为理应属于"十恶"之"不睦"。卖缌麻及以上亲属的行为,无论被卖者是被强迫的还是同意的,都属于"不睦"。出卖而未成交得手的,不属于"不睦"。

---

① 缌麻、小功、大功是根据服制确定的亲属范围。缌麻亲是指男性同一高祖父母之下的亲属,小功亲是指同一曾祖父母之下的亲属,大功亲是指同一祖父母之下的亲属。

二是"殴告夫及大功以上尊长、小功尊属"。依照《礼》的观点："夫是妻之天"，可《礼》又说："妻与丈夫齐"。因怕把"丈夫"不与条中所言之"尊长"同等对待，故专门举出"丈夫"之名称来使人明确。大功尊长，根据服制，男子没有此服级的尊亲，只针对妻子而言，其丈夫的祖父母以及叔伯父母是大功尊亲。大功服的年长亲属是指堂兄及未嫁的堂姐。所谓"以上"，是指比大功服等更高的叔伯父母、未嫁的姑母、兄长及未嫁之姐姐等期亲。小功尊亲属是指叔伯祖父母、祖姑、堂叔伯父母、未嫁的堂姑母、外祖父母、舅、姨之类。

（五）不义

不义，顾名思义是指不仁义，或违背仁义。《宋刑统·名例律》对"不义"的定义为："礼之所尊，尊其义也。"礼所推崇的意义在于"义"，该条说的是双方不具有血缘关系，若有违背情义、违背仁恩的行为，那就是"不义"。"不义"有三种具体情形。

一是"杀本属府主、刺史、县令、见受业师"。所谓府主，是指依令"五品以上职事官，三品以上勋官，可以配备贴身侍卫和外围仪仗等下属吏员"的人，这些吏员对其所效力之主官，称为"府主"。封国、封邑中的官吏对其所隶属的爵主，也与府主一样。其中，都督、刺史的身份，根据其任命制书发出之日起认定；六品以下官员，根据批准者签画完毕时起认定。"现授课业之师长"，指担当国学教学事业的师长，不是私塾先生。若杀这些人，就是"不义"；若谋而未杀的，应当按照一般的谋杀犯罪定罪处罚。

二是"吏、卒杀本部五品以上官长"。对此，《宋刑统·名例律》认为，吏是指流外官[①]以下之类；卒指兵士、卫士之类。属于这个等级

[①] 流外官，官制用语。隋唐两代因袭魏晋以来之制度，将官员等级分为九品，并于每品中设正从两等，四品以下又各分上下，总计为三十阶，此外还有视流内九品。凡在此范围以外之官，称为流外官。

的人，若有杀本部五品以上官长的，都归为"不义"罪。主管官吏，依照令文，如尚书省的各部尚书，都同长官一样对待。

三是"及闻夫丧匿不举哀，若作乐，释服从吉及改嫁"。《礼》强调，夫是妻之天，所以移用子对父的服制。妻对夫服斩衰之丧，恩义既然这样隆重，听见丧讯就必须立即大声悲号。若有隐瞒、不表现出悲伤，选择其他时间推迟举办丧事，在丧期内玩乐、戏赏音乐舞艺，脱去丧服而穿上吉服，忘却悲伤改嫁，都是背弃礼义。因此上述行为均属"十恶"之列。但其中改嫁作他人之妾的，不在"十恶"犯罪之列。

（六）内乱

"十恶"重罪的最后一项为"内乱"罪，这是一种调整家庭内部伦理秩序、惩罚严重违反礼义行为的罪名，通常解释为"奸小功以上亲、父祖妾及与和者"。《左传》认为，女子有夫君，男子有妻子。如果违反了这个规矩，那就是"乱"。如果有人在家族之内有这些淫乱行为，违背了礼教，这就是"内乱"。

在具体的行为上，《宋刑统·名例律》进行了解释。所谓"奸小功以上亲"，指根据服制礼法，男子为妇人有小功服而行奸。如果妇人为男子虽然有小功之服，而男子对妇人报缌麻的，不属于这种情况。所谓不属于这种情况，指像外孙女对外祖父及外甥对舅舅等的关系。另外，父亲或祖父的妾，是否给父亲、祖父生过孩子都是一样的，陪嫁之人也是这样；"及与其和奸者"，指以上所列妇女中与男人通奸者，都属于"内乱"。如果先被强奸，之后又相从通奸的，也属于这种犯罪。

三 借古鉴今：当前我国盗窃、侮辱、故意毁坏尸体罪的不足

前文分析了古代"十恶"重罪中侵犯族权（家庭）秩序与社会秩

序的相关犯罪,"十恶"重罪中的"恶逆、不道、不孝、不睦、不义、内乱"有其自身的封建性,本质上是为了维护封建纲常伦理。不同于现代危害国家安全的行为,其还存在大量侵犯人权的问题。当然,也存在着很多值得当下借鉴的地方,比如其对侮辱尸体行为的惩罚更为严厉,我国目前刑法对侮辱尸体罪的规定仍然存在许多不足之处。

根据《刑法》第三百零二条的规定:盗窃、侮辱、故意毁坏尸体、尸骨、骨灰的,处三年以下有期徒刑、拘役或者管制。该条也是我国目前打击针对尸体类犯罪的主要法律依据。该罪于1997年《刑法》修改时予以确立,当时只规定了盗窃、侮辱尸体罪,但这难以满足实践的需要,遭受了理论界的较多批评,如"我国刑法第三百零二条保护的对象仅限于尸体。……我国刑法第三百零二条规定的行为手段仅限于盗窃、侮辱。……罪状过于简单,法定刑单一,表述不够严谨,在规范范围和立法技术等问题上存在缺陷"[1]。对此,有建议提到:"首先,犯罪对象应当扩展,将侵害坟墓、骨灰的行为也规定为犯罪,以免放纵危害行为。其次,罪状描述应当更详细、明确,用语应更严谨,以增强法条的可操作性和科学性。再次,应当增设加重处罚条款,设置相当的法定刑,以更好地贯彻罪责刑相适应原则。"[2]

而2015年8月29日通过的《刑法修正案(九)》则顺应民意进行了修改,一是增加了尸骨、骨灰,二是增加了故意毁坏行为,形成了当前《刑法》第三百零二条的规定。但目前的规定依然存在很多问题,如实践中存在的买卖尸体的行为,即民间部分地区的配冥婚问题。其一,盗窃、侮辱、故意毁坏无法扩大解释到"买卖"行为。买卖尸体的行为往往伴随着盗窃尸体的行为,很多"买卖尸体"的行为更为恶劣,而尸体不是商品,买卖尸体不是一个正常的市场经济行为,故不是经济犯罪。即便进行扩大解释,盗窃、侮辱、故意毁坏行为也不能

---

[1] 黄鹏:《盗窃、侮辱尸体罪的立法考察与建议》,《人民检察》2009年第9期。
[2] 黄鹏:《盗窃、侮辱尸体罪的立法考察与建议》,《人民检察》2009年第9期。

扩大到买卖行为，由此可见，对于针对尸体相关的犯罪，目前的法律规范还存在不全面之处。其二，法定刑过轻导致刑罚威慑力有限。三年以下有期徒刑、拘役或者管制是本罪的法定刑，很显然，无论从何种标准出发，该罪都属于一种轻罪。与古代侮辱尸体行为列入"十恶"重罪相比，目前《刑法》对相关行为的惩罚似有不妥，因而在立法层面不仅要继续扩大对利用尸体牟利犯罪等行为的处罚，而且要从刑罚上予以重视，提升法定刑。

四 加强伦理道德在青少年法治教育中的作用

"十恶"重罪中的"恶逆、不道、不孝、不睦、不义、内乱"，是围绕着儒家伦理纲常展开的，主要体现了对"家"的治理，并对"国"的治理提供"家"的支撑和保障。中国古代法制思想的建构，是以儒家伦理道德作为基础，仁具备的道德情感与礼具备的礼制规范也成为儒家法制思想的重要传统。[1] 当下我国法治建设，应当把握法治运行过程中法律的基本伦理指向和人的道德操守。这就对当前法治教育过程中，积极融入并强化运用以仁、义、礼、智、信为核心的儒家思想提出了时代要求。因此，在当前青少年法治思维培养教育的过程中，重视和加强道德伦理的重要教化作用，加强对青少年的法治和道德教育，具有其必要性和重要性。

（一）伦理道德教育是培养青少年法治思维的重要手段

首先，青少年道德教育与法治教育互相促进。道德治理与法律治理相辅相成，正如洛克所说："法律的规定都具有道德的意义。"因此，青少年的伦理道德教育与法治教育可以相互协同、发挥综合作用。青

---

[1] 陈祎舒：《伦理与法律：作为方法的"家国同构"及其统合功能》，《法律方法》2021年第4期。

少年的伦理道德认同需要法治教育予以促进,同时,伦理道德内容也是青少年法治教育的重要素材。用伦理道德教育和法治教育共同培养青少年的世界观、人生观和价值观,用伦理道德规范和法律规范协同约束和引导青少年的行为。

其次,青少年伦理道德教育为法治思维培养提供基本内涵。伦理道德教育的重要组成部分包括爱国主义教育、民主与法制教育等。青少年伦理道德教育重视法治内涵的融入,教育过程中能够为青少年法治思维培养提供基本的法律信仰、法治观念和规则意识。

最后,青少年道德素质与法治素质难以分割。公平、正义、民主、法治、自由等价值理念,是青少年的道德价值取向。青少年的道德修养越高,越有利于他们熟知法律、遵守法律、信任法律、运用法律。秉持道德素质的培育,能够让青少年法治素质不断丰富、提升,能够让青少年易于接受法治建设过程所传递的法治精神。

(二) 伦理道德融入青少年法治教育的实践路径

首先,以基层的道德教育提高青少年的法治观念。基层的道德教育是指在农村和城市的社区,进行有关公共道德、环境道德等道德内容的教育。[①] 以社区为道德教育的重要载体,以基层群众自治组织为道德教育实施主体,面向青少年群体开展伦理道德教育活动,如设置文化礼堂、道德榜样主题报告等活动,宣传和普及与日常生活联系紧密的各种习俗惯例、政策法规、伦理道德规范等。充分发挥基层的宣传和普及对青少年通过道德教育增强法治意识的重要作用。

其次,以家庭的道德教育提高青少年的法治观念。家庭是青少年接受道德和法治教育的第一场所和最基础的场所,对青少年的道德品行和法律意识起着奠基性、永续性作用。因此,以家庭的道德教育来提高青少年的法治观念具有重要作用。第一,家长要积极地开展道德

---

① 方琳琳:《公民道德融入法治建设研究》,硕士学位论文,浙江大学,2020年。

教育，在平时的家庭生活中，父母对子女的良好行为习惯进行培养，一起讨论解决家庭矛盾冲突甚至是同学间、同学与老师间的纠纷。第二，家长要营造良好的家庭氛围，因为青少年的认识和理解能力在不断提升，家长要以身作则，用自己正确的行为方式纠正孩子错误的行为方式。第三，家长要制定科学合理的、奖惩明确的家训，用家训向子女灌输良好的伦理道德观念和法治观念，让子女能够积极行使自己的合法权益，并且主动承担自己应承担的义务。

最后，以学校的道德教育提高青少年的法治观念。教育的根本任务是立德树人，学校是青少年良好伦理道德观念培养的重要阵地，应当努力发挥学校道德教育对青少年法治思维培育的重要作用。一方面，要在教学中灌输正确的伦理道德观念。从礼义廉耻、诚实守信、公平正义等方面开展专题教育，从而丰富和充实青少年的守法意识和法治思维。另一方面，以"道德与法治"为主题，结合青少年的自身特点和学校资源，开展多样的校园实践活动，如主题辩论赛、专题讲座、知识素养大赛等，让师生都形成明德知法、遵德守法的良好意识习惯。

通过将伦理道德教育融入青少年法治思维培养，努力培育好中国特色社会主义现代化建设的接班人。让青少年在多样的道德教育中树立明德知法、遵德守法、立德护法的意识，自觉形成法律意识和法治思维，不断提升自身的道德修养水平，不断树立法治思维和法律意识。

第九章　从李逵看宋代七杀犯罪

李逵，沂州沂水县（今属山东省临沂市沂水县）百丈村人，生得粗壮黝黑，绰号"黑旋风"。李逵臂力过人，善使一双板斧，梁山一百零八将之一，位列第二十二位，是梁山第五位步军头领，上应"天杀星"。李逵出场也颇为粗犷："黑熊般一身粗肉，铁牛似遍体顽皮。交加一字赤黄眉，双眼赤丝乱系。怒发浑如铁刷，狰狞好似狻猊。天蓬恶煞下云梯。李逵真勇悍，人号铁牛儿。"[1] 李逵从小就失去了父亲，在母亲与兄长的宠爱之下，性格十分顽劣，成年之后更是经常与人争斗，在杀过人之后，不得不离开母亲与兄长，来到江州，成为戴宗的阶下囚，在江州大牢里做"牢子"。李逵为了营救宋江，大闹江州，在刑场上大开杀戒。李逵为人豪爽，且对自己的母亲十分孝顺，在梁山上混得风生水起后，便想要将自己的母亲带上梁山。紧接着，这位胆大包天的绿林豪杰便回到自己的家乡，将自己的母亲背在背上，一路奔向梁山。途中李逵到河边挑水，却没有注意到山上有猛虎出没，等他挑水回来，发现老母已经被猛虎抓走。李逵又气又恨，干脆端掉了虎窝，自此，李逵的威名便传了出去。在接受招揽之后，李逵与田虎、王庆、方腊等人一起征讨辽国。战后，他被任命为润州镇江都督。宋江怕李逵再次起兵造反，在自己喝下高俅和其他叛徒给他的毒酒后给李逵灌了一杯，最终李逵也被毒死了。

---

[1] （明）施耐庵、罗贯中：《水浒传》（上），人民文学出版社1997年版，第495页。

中篇　从水浒看宋代刑事犯罪

一 李逵行为与"七杀"犯罪之对应

李逵举止粗鲁、勇猛凶悍、急躁暴烈。在其诸多行为中,"嗜杀"乃至"滥杀"成为显著的特点。本章以此为切入点,分析其杀人行为与宋代相关法律。在《水浒传》中,关于李逵杀人的故事情节主要有以下几种。

(一) 江州劫法场——对应"谋杀""故杀""劫杀"

宋江与戴宗都被判了死罪,并被押送到十字架路上等待斩首。梁山二十多条好汉,为了营救这两个人,纷纷赶往江州劫法场。李逵一个人从屋顶上一跃而下,将两名刽子手斩杀后,也参与到梁山好汉们在法场的营救混战里。李逵逐渐杀红了眼,宋江和戴宗被成功营救之后,李逵仍旧继续大肆砍杀,就连梁山之主晁盖都没办法拦住他。在此之后,李逵和梁山好汉们一同杀向无为军,残忍杀害了黄文炳,这位害宋江和戴宗入狱的无为军"在闲通判"。

其一,砍翻刽子手应为"劫杀"。宋朝法律规定了"劫杀",所谓劫杀,即在强行夺取他人人身或财物时,造成他人死亡。具体而言,强行夺取他人人身或财物主要是谋叛、劫囚、强盗、略人略卖人这四种基本犯罪的客观方面。犯罪者的主观方面依现代刑法理论解说,均为直接故意。[①] 但无论采取了这四种基本犯罪中的哪种具体行为方式,行为人均存在非法占有他人的人身或财物的犯罪目的,这是一种对危害后果积极主动追求的主观心理状态。

李逵的行为,显然属于劫杀中的劫囚致他人死亡的情形。《贼盗》

---

① 直接故意,即行为人明知自己的行为必然或可能发生危害社会的结果,并且希望这种结果发生的心理态度。间接故意为行为人明知自己的行为可能发生危害社会的结果,并且放任这种结果发生的心理态度。参见高铭暄主编《新编中国刑法学》(上册),中国人民大学出版社1998年版,第175—176页。

第九章 从李逵看宋代七杀犯罪

"劫囚"条（第二百五十七条）规定：诸劫囚者，流三千里；伤人及劫死囚者，绞；杀人者，皆斩。意思是指，犯劫囚之罪的人，应当被判处流放三千里的刑罚；劫囚过程中伤及他人以及劫的是死囚犯的，应当被判处绞刑；劫囚杀人的，应当被判处斩刑。根据该条的规定可以看出，"劫囚"分为劫囚与窃囚两种类型。劫囚根据劫囚对象是否为死囚，可以分为劫死囚和劫非死囚两种。窃囚根据不同的犯罪形态，可以分为窃囚已得和窃囚未得两种；同时，根据不同的犯罪情节，又可以分为窃囚伤人、窃囚杀人两种。

其二，与梁山众人残杀黄文炳对应"谋杀"。《贼盗》"谋杀人"条（第二百五十六条）规定：触犯谋杀人之罪，应当为两人以上共谋杀人。徐元瑞解释强调，"谋"为"二人对议"。[①] 强调"二人"只是在行为外观上对"预谋"的判断，故"二人对议"在外观形态上作为典型的谋杀存在于律文中。[②] 对此，若独谋杀人，但符合"事已彰露，欲杀不虚"的情形，也属于两人共谋杀人，其原因在于，如果一个人就已经具备确定预谋犯罪之事的条件，那么独谋杀人的实质就相当于是两人共谋杀人。

其三，逢人便砍应是"故杀"。宋朝法律中"故杀"的含义是：故意杀伤他人的行为，其罪过形式与现代刑法理论之直接故意基本相似[③]。同时，律文对故杀罪过形式的规定，明显包含了法律推定的因素。《斗讼》"斗殴杀人"条（第三百零六条）规定：虽然犯罪始为斗殴，但如果过程中用兵器刀刃杀人，则属于故杀的规制范畴。这是因

---

① （元）徐元瑞等撰：《吏学指南》（外三种），杨讷点校，浙江古籍出版社1988年版，第60页。

② 戴炎辉亦注意到了"谋"之内在含义与外在表现的关系，戴氏谓："余意，谋杀宜以预谋为其本质的要素；其二人谋议者，即可说是有预谋。"参见戴炎辉《中国法制史》，（台湾）三民书局1995年版，第67页。

③ 现代刑法理论中，直接故意是指，"行为人明知自己的行为必然或可能发生危害社会的结果，并且希望这种结果的发生的心理态度"。参见高铭暄、马克昌主编《刑法学》（上编），中国法制出版社1999年版，第207页。唐律故杀人的罪过形式与之相似，行为人明知自己的行为具备特定危害性（杀人行为危害他人生命、健康）并能够造成特定危害结果（造成他人死亡），而有意实施该行为的主观心态。

为，斗殴者原本并没有杀人之心，一旦用凶器，则表明斗殴者有了害人之心。如果起因是斗殴，但在事后又去杀伤对方的，属于故杀的规制范畴。在斗殴过程中，使用凶器导致了他人死亡的危害后果，或者在斗殴结束以后，各方斗殴者本已经离去，但又中途返回将他人杀伤的，属于故杀的规制范畴。

（二）怒打殷天锡——对应"斗杀"

殷天锡倚仗高廉的势力，要强占先朝柴世宗嫡系子孙柴皇城的花园住宅，柴进以为有朝廷发的"丹书铁券"保护，与其论理，竟被他殴打。后来，殷天锡骑着马，将引闲汉三二十人，来到柴皇城宅前，向柴皇城叫嚣。柴皇城召其侄柴进回来，继续与之论理时，殷天锡与柴进僵持不下，众人却待动手，李逵在旁愤极，与殷天锡及其带来的一群人打斗起来，最终将殷天锡打倒致死。

斗杀，即因斗殴，并无杀人之心，而杀伤他人的行为。沈家本认为："凡斗殴杀人者，此往彼来，两相殴击，本无害人之意……"[①] 这表明，斗杀犯罪的行为人对造成犯罪对象死亡这一危害结果的主观心理状态并不是直接故意，也即，并不是积极追求犯罪危害结果的发生。申言之，斗杀犯罪的行为人存在间接故意的主观心理状态，在其进行斗殴过程中，应当预见到因自己的行为而导致他人死亡这一危害结果发生的可能性，但行为人放任了该危害结果的发生。或是突发的斗殴行为，行为人临时起意，动辄行凶，不计后果致他人死亡，亦属于间接故意之范畴。[②]

[①] （清）沈家本撰：《历代刑法考》（四），中华书局1985年版，第2065页。

[②] 现代刑法中有一种突发性犯罪与唐律斗杀之罪过形式颇为相似，临时起意、动辄行凶，不考虑危害结果，其伤害行为最终致人死亡。此类案件，行为人对伤害行为与伤害结果是明知、追求的，主观状态为直接故意；对于伤害行为致人死亡的结果，却仅预见到概括的可能性，并非希望其发生，仅是放任了危害结果。对于伤害行为所造成的他人死亡，行为人的认识因素是明知危害结果可能发生，意志因素是放任危害结果发生，属间接故意。具体案例可参见高铭暄、马克昌主编《刑法学》（上编），中国法制出版社1999年版，第209页。

二 古代"七杀"犯罪的历史梳理

七杀,是七种杀人罪的总称。杀人罪是古代极其重要且极为常见的罪名之一,最早出现于《法经》中的《贼法》,经过后世的演变,直到晋代基本定型。晋代律学发展已臻成熟,对故、失、斗、戏、谋等进行了较为完善的规定。到了唐朝时期,立足于前世奠定的杀人罪的基础,将"七杀"划分为谋杀、故杀、斗杀、误杀、戏杀、劫杀、过失杀七种。"七杀"对故意和过失两种主观心理状态进行区分,并且对不同犯罪形态和犯罪情节进行了完备的规定,可见唐朝立法技术之高超。宋朝时期,基本全部沿袭唐律对"七杀"的规定,但在某些方面,宋律进行了细化和完善。为了更好地运用史料,本书在分析时不拘泥于宋代法律,结合更全面的唐代法律进行分析。

其一,谋杀,即两人或者两人以上,预先商量筹谋好要杀伤他人。只要有预谋就可以认定构成本罪,而不要求必须实施了实际的杀伤他人的行为。《唐律·贼盗》中的"谋杀人"条规定了"谋杀"的三种基本情况——谋而未行、谋而已伤、谋而已杀。只要有预谋杀伤他人,即使并未真正实施犯罪行为,也要被判处徒刑三年;如果有预谋并且造成他人受伤,则要被判处绞刑;如果有预谋并且造成他人死亡,则要被判处斩刑。谋杀对犯罪主体的基本要求是两人及以上,如果是精心准备、计划翔实,并且谋杀一事已经昭然若揭,内心也确实想致人死亡,则就算犯罪主体是一个人,也属于谋杀规制的范畴。

宋朝法律对"谋杀人"的规定,打击惩罚的重点聚焦于首犯和"加功"者。对谋杀人起到促进发展作用的从犯,应当被判处绞刑;反之,则应当被判处流刑三千里。犯意的倡始者,即使并没有实际参与谋杀人的具体行动,仍然被认定为首犯;雇请他人实施谋杀人行为的,皆遵从上述规定。

其二,故杀,即故意杀伤他人。故杀与现代刑法中的故意杀人罪类似，要求犯罪行为人积极追求致他人死亡的危害结果的发生。故杀与谋杀的主要区别在于：一是主观层面，故杀要存在杀伤他人的主观故意，但并不强调预谋；谋杀强调事先预谋。二是主体层面，故杀对犯罪主体没有要求；谋杀一般要求存在两个及以上的犯罪主体。

其三，斗杀，即因斗殴而杀伤他人。斗杀之罪的犯罪行为人主观方面并不存在杀人的故意，仅仅是因为在斗殴的过程中临时起意而致人伤亡，对致人死亡的危害结果持放任的态度，可以说是现代刑法中的间接故意。如果在斗殴过程中，使用凶器导致他人伤亡，则应当纳入故杀的规制范畴。但若行为人是被他人以凶器相逼，才使用凶器予以抵抗而杀伤他人，则纳入斗杀的规制范畴。申言之，唐律对正当防卫持消极态度，因为"正当防卫"而杀伤他人，仍旧被认定为斗杀而不能被减轻或免除刑罚处罚。但因斗杀的主观恶性要小于故杀，虽然两罪都处以极刑，但斗杀处以绞刑，故杀却处更重的斩刑。

其四，误杀，即误杀伤他人。唐律并没有对误杀的规定进行翔实全面的解释。《唐律·厩库》中"故杀官私马牛"疏议解释为：眼睛没能看见或者内心没有故意。《唐律·擅兴》中"功力采取不任用"则将"误"解释为：轻率、草率地考虑。因此我们可以推断出，误杀中的"误"与现代刑法中的疏忽大意的过失相类似。

误杀一般比照七杀中的其他杀人罪进行量刑。《疏议》举例说，假如两人相斗，一人想要击打对方，却误打了其他人，不论致人死亡还是致人受伤，都要按照斗杀伤予以判罚。如果在斗殴过程中，因摔跤碰撞到他人致其受伤或者死亡的，要按照戏杀伤予以判罚。如果误杀伤斗殴中己方参与人员，则要比照戏杀伤减轻二等处罚予以判定。但是，如果在谋杀过程中误杀他人，被纳入故杀的规制范畴。

其五，戏杀，即因"戏"而杀伤他人。"戏"即"两和相害谓之戏"。唐律并没有对戏杀的规定进行翔实全面的解释。《唐律·斗讼》中"戏杀伤人"条的规定是：以具有杀伤的行为共同嬉戏而致人伤亡。戏杀的前提条件是共同嬉戏，从始至终双方都相交好且出于自愿。对戏杀的量刑，因行为人主观上没有杀伤人的故意，所以比照斗杀的规定减等处罚，较其他杀伤人罪的处罚更为轻缓。同时，需要关注的是，对于一般主体实施的戏杀伤人罪，可以用赎刑；但对于尊长等不应共同嬉戏的这类特殊犯罪对象，即使是双方均达成合意，也要被认定为斗杀伤罪。

其六，劫杀，即因劫财而杀伤他人。唐律并未将劫杀规定为独立罪名，而是将劫杀视为谋叛、劫囚、强盗、略人略卖人犯罪的加重情节。"劫"即"威力强取"。由于"劫杀"犯罪行为人的主观恶性较强，对危害后果存在直接故意，且侵犯的客体是人身权益和财物权益两种，因此刑罚更为严厉。例如，《唐律·贼盗》中关于"强盗"的规定：实施强盗犯罪行为，没有取得财物，应当被判处徒刑两年；如果获得的赃物已达十匹，或者伤害他人的，则应当被判处绞刑；如果杀人的，则应当被判处斩刑。即使致人伤亡的对象不是涉案财物的主人或者只是奴婢，也遵从上述规定。在犯罪过程中，如果行为人手持武器实施强盗行为，即使没有取得财物，也应当被判处流刑三千里；如果行为人手持武器实施强盗行为，并且致人受伤，则应当被判处斩刑。《唐律·贼盗》中"劫囚"条规定：只要实施了劫囚的行为，无论是否劫得囚犯，均应被认定为本罪并且判处流刑三千里；如果因劫囚而致人受伤，或者劫死囚但并未致人受伤，则应当被判处绞刑；如果因劫囚而杀人，不区分首犯和从犯，都应当被判处斩刑。

其七，过失杀，即因过失而杀伤他人。唐律强调过失为"耳目所不及，思虑所不至"。比如，扔掷或弹射砖头瓦块时，没有听到他人的声音，也没有看到他人的行迹而误杀伤他人；或者在幽僻之处，本不应有人，因投瓦块、石头而误杀伤他人；或者与他人一起搬动举抬重物，因不能控制自己的力气而误杀伤他人；或者与他人一起登上高险之处，自己不小心摔倒而误杀伤他人；或者射杀猎捕动物牲畜，而误杀伤他人等。以现代刑法的视角来分析，意外事件属于过失杀的范围。由于主观方面只是因预料之外的情况而致他人伤亡这一危害后果的发生,因此,过失杀的主观恶性较小,量刑时通常从轻或者减轻处罚。并且,过失杀伤人的,可以用赎铜的方式代替应当判处的刑罚。

我国现代刑法关于故意杀人罪、过失致人死亡罪的规定要求,防卫过当杀人、义愤杀人、激情杀人、帮助他人自杀等也会作为法定量刑情节。尽管通过司法解释与修正案,在量刑上也体现了对不同杀人情形的区分,但相较于古代的"七杀",我国故意杀人罪的规定相对简单,类型化区分不够细致,或许古人的智慧值得借鉴。

三 李逵行为对当今青少年的启示

在任何时代,李逵的很多行为都是不可被接受的,尤其是其滥杀无辜这一特性,充分体现了李逵性格中存在的"暴戾"之气。对于青少年而言,应当杜绝暴戾之气,培育自觉守法、遇事找法的法治思维和法律意识,养成良好的性格与稳定的情绪,筑牢全面依法治国、加快建设社会主义法治国家的基础工程。

(一) 养成自觉守法、遇事找法、解决问题靠法的法治思维

首先,要树立权利和义务相统一的思维。明确权利和义务的关系是法治思维的起点,对权利义务的认识是诉求表达的基础,教育活动必须引导学生既依法维护权益,又自觉履行义务,享有权利和履行义务相一致的理念。[①] 通过对公民基本权利和义务的学习,使学生清楚了解自己的定位,知道自己拥有哪些权利,以及需要履行哪些义务,理解国家尊重和保障人权的意义,在表达诉求、解决矛盾的过程中,遵循权利义务相统一的原则,合理行使权利、积极履行义务。

其次,要树立规则意识。生活中处处有规则,无规则不成方圆。

[①] 周子星:《以法治思维为核心的大学生诉求表达引导规范研究》,《青少年犯罪问题》2023 年第 5 期。

青少年要学习规则、遵守规则，增强法律意识，养成自觉守法的意识和遵纪守法的良好习惯，不断提高用法律知识解决矛盾纠纷的意识和用法律武器保护自己的能力。通过学习国家的基本制度、政府运行的法治原则、民事法律活动的基本原则、刑事犯罪重要罪名的规定，学会用法律约束自己、保护自己，避免误犯校园霸凌等常见违法犯罪的泥潭。

最后，要坚定法治自信。继承和发扬中华民族优秀传统文化中的精华——民本理念、仁爱观念、慎刑恤刑思想、优秀伦理道德等，学习国家法治建设历史过程中的伟大成就，从而激发青少年的民族自信心和自豪感，增强他们对中国法治建设和中国特色社会主义法治道路的自信，更加坚定地拥护我们党的领导。

（二）养成良好的性格与稳定的情绪

首先，要养成良好的人际关系。在学生的成长过程中，如何正确地处理好人际关系是非常重要的，人与人之间良好互动、交流的关系是促成人格发育的重要方面。一是树立人际交往信心。要学会对自己的能力进行确认，与人交往不卑不亢。二是主动交流。应该学会怎样与别人交流，包括表达他们的需要和情绪，以及聆听别人的想法和情绪。三是当难以解决问题或产生矛盾时，及时向他人求助。当他们遇到人际关系方面的问题，可以向父母、教师等寻求帮助，不要冲动之下以暴力解决问题。四是要学习如何面对挫折。不能因一时的挫折而自暴自弃，而是要学习如何在今后的生活中更好地处理矛盾。

其次，学会控制情绪，理智处理分歧。别人与自己具有不同意见是经常出现的问题，青少年应当学习理性地对待不同意见，这对自己来说很重要，也很有帮助。尤其需要学习如何控制自己的情绪，以及如何处理意见不合。重点要培养全面思考、长远打算的思维，对各种可能会出现的后果进行全面的考量，以避免由于仓促的决定而引起不必要的困扰。遇到问题要培养积极交流的能力，积极和别人交流，寻找更好的办法来和平、合理地解决问题。

最后，学会换位思考，懂得尊重他人。对青少年而言，学会尊重他人是健康成长的重要素质。对别人的尊敬能使孩子更坦率、更真诚，也能使他们在处理人际关系的问题上更得心应手，帮助他们在社会上站稳脚跟。一是要善于听取别人的意见，但并非盲从别人，要做到对别人人格的尊重。二是要注意交往的礼仪，学习基本的社交规范和礼仪，养成良好习惯和文明行为方式。三是对在交往过程中获知的别人隐私，要具有保密意识，避免因此产生纠纷。

第十章　从花荣看宋代窝藏犯罪

花荣，祖籍青州，在梁山泊英雄中排行第九，为马军八虎骑兼先锋使之首，上应"天英星"，有"百步穿杨"的功夫，人送绰号"小李广"。在《水浒传》第三十三回"宋江夜看小鳌山，花荣大闹清风寨"中，小李广花荣初次登场："齿白唇红双眼俊，两眉入鬓常清。细腰宽膀似猿形。能骑乖劣马，爱放海东青。百步穿杨神臂健，弓开秋月分明。雕翎箭发迸寒星。人称小李广，将种是花荣。"[①] 从这一首赞诗之中可以看得出来，花荣是一名容貌出众、才华横溢的年轻武将，眉宇之间更是透着一股心胸宽广之气。不得不说，施耐庵对花荣的喜爱程度很高，将这一名年轻武将的形象塑造得淋漓尽致，也正因为如此，才能够符合"英"字的含义。

一　花荣上梁山的事由分析

花荣本来任清风寨镇寨（砦）官，属于宋代基层军事据点的负责人。在《水浒传》中，花荣被迫上梁山落草为寇的原因主要就是窝藏逃犯宋江，《水浒传》第三十三回描写到，宋江来到清风寨投奔花荣，两人一见面，宋江就将自己杀了阎婆惜，在孔太公庄上遇到武松，在清风山上遇到燕顺的事情，一五一十地说了出来。作为朝廷命官，花

---

① （明）施耐庵、罗贯中：《水浒传》（上），人民文学出版社1997年版，第428—429页。

中篇　从水浒看宋代刑事犯罪

荣在知悉宋江犯罪之后脱逃的情况下，不仅未及时履行职责缉盗捉凶，反而利用自己管理清风寨的便利，窝藏宋江，只见"花荣听罢，答道：'兄长如此多磨难！今日幸得仁兄到此，且住数年，却又理会。'宋江道：'若非兄弟宋清寄书来孔太公庄上时，在下也特地要求贤弟这里走一遭。'花荣道：'……今蒙仁兄不弃到此，只恨无甚罕物管待。'"① 然而，宋江留宿清风寨期间，不慎被清风寨的另一位官员刘知寨发现，花荣与刘知寨兵马大战，最终被刘知寨擒获。

花荣明知宋江杀害了阎婆惜，仍然将宋江安置在清风寨。根据《宋刑统·捕亡》"知情藏匿罪人"的规定，如果知道逃犯的犯罪情况但故意藏匿该犯人，或者向逃犯指示道路、送其度过危险地带，帮助他运输赃物，或者给予衣食助其潜逃，对包庇者按照逃犯所犯之罪的刑罚减一等量刑，如果逃犯触犯数罪，就按照包庇者所知道的逃犯的罪行来追究责任。花荣的行为可以认定为知情藏匿罪人罪，该罪从今天的视角来看就是刑法中的窝藏、包庇犯罪。

二　宋代藏匿犯罪的分析

在宋朝，对窝藏犯罪行为认定与惩处的规定，深受我国传统封建等级制度与伦理道德法律化的影响，与我国现代刑法规定的窝藏、包庇罪并不相同，值得研究。

（一）宋朝之前窝藏犯罪的历史沿革

关于窝藏罪，最早可追溯到奴隶制时期。在该时期，罪犯逃亡和藏匿罪犯是较为常见的现象。对统治者而言，藏匿罪犯是一种严重违反礼法、扰乱社会秩序的犯罪，应该受到严厉的制裁。由于史料匮乏，夏商有无藏匿罪已无从考证。西周《九刑》最早规定了将藏匿罪犯的

---

① （明）施耐庵、罗贯中：《水浒传》（上），人民文学出版社1997年版，第429页。

行为认定为犯罪的相关内容。春秋战国时期，楚成王颁行《仆区法》，用以制裁隐匿逃亡奴隶、窝藏盗贼所盗赃物的行为，"仆，隐也；区，匿也"，"仆区"意即"窝藏"。

秦代，给予匿奸者的惩罚极为严苛。这可能与以下两个方面有关。一是因为商鞅"禁奸止过"的重刑主张；二是为"重赏告奸"政策的顺利施行保驾护航，从而实现打击犯罪、维护统治秩序的重要目的。"重赏告奸"和"严惩匿奸"这两项措施互相配合、融为一体，让秦国被严刑峻法所笼罩，因而极大地增强了权力机关对社会的掌控力，使罪犯们无所遁形，及时制止了各种罪行，并巩固了新兴的地主阶层的地位。

汉代，正式将首匿罪纳入律的规制范畴，并且首创了将"亲亲得相首匿"作为基本原则置于总则的位置，将藏匿罪人条具体规定在分则中的立法模式。汉代对首匿罪相关内容的规定为后代封建统治下法律制度的完善发展提供了指引。汉代首匿罪的特点是：第一，在罪名设置方面，汉律规定"首匿罪"，有别于之前的"藏""匿奸"等。"首"意为头领、首谋，也即藏匿罪犯的主要筹谋者。现实中，本罪的犯罪主体并非仅限于头领、首谋，也可以是故意窝藏罪犯的其他人，但本罪惩罚的重点对象就是"首"。第二，在立法变革方面，汉初，立法完全禁止窝藏罪犯的行为；汉武帝时期，司法实践中父子相隐的案件也进入大众视野；汉宣帝时期，正式将"亲亲相隐"作为一项法律原则确定下来。值得注意的是，"亲亲得相首匿"从其产生以来从来就不是绝对的。法律为亲属间的容隐首匿设定了一定的范围，主要是父子、夫妻、祖孙，但其他的如兄弟，从子之于世父、季父等则不适用该规定。但随着时间的发展，其适用范围逐渐呈现出扩大的趋势。第三，对首匿罪的处罚相对严厉，犯首匿罪都处以重刑。汉律对藏匿罪人者的科罚虽较秦代更轻，但总体也是偏严格的。

唐代，对藏匿罪的规定内容翔实完备、科学合理。唐律列举了不同行为构成藏匿罪的情形，按照主体情况区分了常人藏匿和亲属藏匿两种类型；按照主观情况细化了容寄藏匿、辗转藏匿、数罪藏匿，刑罚的规定也合理适当。与汉代相比，唐代藏匿罪呈现出以下特征：第一，罪名不同。汉律罪名为"首匿罪""舍匿罪"，惩罚的重点对象为头领、首谋。而唐律罪名为"知情藏匿罪人罪"，强调犯罪的成立以知情为前提，体现了法律打击重点的变化。第二，唐代对藏匿者的量刑较汉代轻缓。一方面，汉律对首匿者最严酷的惩罚为弃市，而唐律中没有剥夺知情藏匿者生命的规定；另一方面，汉律对首匿者量刑的基本要求是"同罪人罪"，唐律对知情藏匿者量刑的基本要求是"减罪人罪一等"。第三，客观方面不同。汉律中，"过致资给"并不是首匿罪的客观方面，而是作为独立的罪名，与"首匿罪"并列。唐律中，"过致资给"属于藏匿罪的客观方面，其具体内容被规定在知情藏匿罪人条中。第四，允许藏匿亲属犯罪的适用范围不同。汉代规定了"亲亲得相首匿"的基本原则，唐朝则规定"同居相隐不为罪"，据此可知，唐代允许藏匿亲属犯罪的范围更大了，相应地，知情藏匿罪人的犯罪主体范围则更小了。唐律藏匿罪的规定体现了法律技术的高超和法律制度的完善，为后世藏匿罪的完善以及整个法律制度的发展均提供了可借鉴的经验。

（二）宋代关于窝藏犯罪的规定

宋代沿袭了唐朝的法律制度，对窝藏犯罪进行定罪量刑的主要法律依据是《宋刑统·捕亡律》中关于"知情藏匿罪人"的规定。该规定与唐律中知情藏匿罪人罪的规定基本相同，但也有自己的特点。

其一，《宋刑统》丰富了知情藏匿罪人罪的含义。增加了对"亡叛之类""合流三千里之类"的规定，这也是应宋代刑罚体系的变化所做出的调整。

其二，《宋刑统》缩小了窝藏犯的范围。增加了四世亲属之间都可以相互容隐的规定，使"同居相隐不为罪"这一基本原则中亲属的范围扩大。

第十章 从花荣看宋代窝藏犯罪

其三，采取特别刑事立法对窝藏行为予以打击。仁宗朝之后，统治者倾向于采取制定特殊刑法的方式，以弥补《宋刑统》惩治窝藏行为力度不足的问题。

仁宗时期，《窝藏重法》的出台开创了以特殊刑法处罚窝藏行为的先河，其影响之深远不言而喻。仁宗嘉祐年间首次制定的《窝藏重法》，将京畿一带纳入重法之地的范围，适用严酷刑罚以惩治"贼盗"窝藏犯。

英宗是北宋实行"重法"的第二个帝王。仁宗时，农民武装反抗斗争从京畿地区蔓延开来，在这种情况下，英宗除继承《窝藏重法》外，不得不另行制定《重法》以适应惩治"贼盗"和窝藏"贼盗"的需要，扩大了重法的适用范围，从而扩大了窝藏犯的打击范围。

神宗即位后，社会政治经济危机进一步加重。故神宗突破了原定重法地的地域范围，确立了"重法之人"，并且将窝藏犯以重法论之。"熙宁四年，立《盗贼重法》。……凡囊橐之家，劫盗死罪，情重者斩，余皆配远恶地，籍其家货之半为赏。"[①] 据李焘《续资治通鉴长编》卷三百四十四载："至元丰，更定其法……虽非重法之地，而囊橐重法之人，并以重法论。"可知，宋时的"重法之人"不仅是指犯罪情节严重的"贼盗"，窝藏"贼盗"的窝藏犯也被扩大解释为"重法之人"予以"斩"或"配远恶地"的重刑处罚。至元丰年间，重法地已占全国二十六路的三分之一以上。北宋以特别刑事立法"重法治窝"，是其藏匿罪立法的显著特色。"重法治窝"虽然对延续北宋统治起到了一定的作用，但刑罚越重，人民的反抗就越激烈，最终也未能挽救北宋王朝灭亡的命运。

北宋中期后制定的特别刑事立法将窝藏犯视同重法之人，加重了窝藏犯的处罚，宋代特别刑事立法"重法治窝"是中国古代藏匿罪立

---

① 上海社会科学院政治法律研究所编：《宋史刑法志注释》，群众出版社1979年版，第94页。

法史上的一个重大变化。至南宋时期，虽无"贼盗重法"之名，亦无"重法地"之分，但对窝藏"贼盗"者的处罚和镇压却重于北宋。具体而言，对于窝藏"贼盗"的人，不仅要依据法律规定对其定罪量刑，而且要登记并没收其所有家庭财产、拆倒毁弃其居住的房屋，并让其家属搬家迁走。

（三）古代窝藏犯罪的特点

第一，关于"藏匿罪"的具体罪名。在数千年的历史中，"藏匿罪"的名称有过多次变化。从最初的"藏"字到汉代的"首匿罪"，再到唐朝的"知情藏匿罪人罪"，对后世的法律产生了很大的影响，一直到明清，虽然名称不同，但意思基本是一样的。

第二，从"同居相隐不为罪"原则的适用角度来看，藏匿罪的犯罪主体范围与其存在一种相互制约的矛盾。自从该原则被写入律法以来，就随着藏匿罪而发展变化，并在一定程度上影响了藏匿罪的定罪和刑罚，且对刑罚的影响尤甚。该原则的适用范围不断扩张，就意味着藏匿罪的犯罪主体的范围不断紧缩，这使藏匿罪的入罪门槛不断提高，不利于对藏匿罪的认定。

第三，在量刑方面具有明显的特征。首先，藏匿犯没有单独的法律惩罚，其量刑总是与藏匿犯的罪行、所受的惩罚相联系。其次，藏匿罪的刑罚经历了"由重至轻"的发展演变。秦代，对窝藏罪的处罚被规定为"死刑"；到了汉朝，被规定为与有罪之人一样处刑；到了唐朝，则是规定了窝藏罪的减等处分并一直延续到现在。再次，"亲亲相隐"原则对藏匿犯罪人的定罪和量刑都有一定的影响，具体体现在尊卑不同、亲疏不同上。最后，在对藏匿犯罪科罚的特殊时期，实行"国别异罚"，这一现象主要表现在以清朝为首的少数民族当政时期。

第四，从立法手段的角度来看，围绕着藏匿罪制定法律法规，存在"普通法"和"特殊法"并行的特点。《宋刑统·捕亡律》对藏匿犯罪进行了基本规定，而宋仁宗时期的《窝藏重法》开创了以特殊的单行刑事法律惩治窝藏犯罪的先河。

三 古代容隐制度分析

容隐制度是古代中国刑事司法中的一项重要制度，集中体现了中国古代传统宗法伦理观念和家本位思想，汉代的"亲亲得相首匿"以及唐代的"同居相容隐"都是该制度的重要组成部分。容隐是指在某一特定范围内的亲属，相互之间可以隐瞒罪行，不能检举、揭发其犯罪亲属，否则会被科处刑罚。容隐制度是中国封建宗法主义法律传统的特有原则和中国传统法律家族本位的主要表现。①

该制度原本是一种维护封建父权、族权、夫权的手段，但其本身也的确有体现对人性的尊重和考量。亲情是人类最大的本能，保护自己的亲人（包括不计后果地保护），是人类"诚爱"和"仁厚"的本能，但这会让自己的行为出现轻微的偏差。这个情况是可以理解的。如果忽略了人的天性，让他们去证明自己的父亲和母亲，让他们去证明自己的丈夫和妻子，让他们去质问自己的孩子，那就一定会被冠上"伤顺破教"和"亏教求情"的污名。因为古人将"孝"与"忠"结合起来，认为不知道亲亲相隐的人，就不知道孝顺的道理，不知道孝顺的道理的人，就不知道效忠的道理。故而古人"求忠臣，必在孝门"，知恩图报，进而才能成为一个好的国家公民。

亦有观点认为，容隐制度还有一定的司法正向作用。国家容许亲族之间的隐匿，从外表上看是对司法实体结果的不利，是对犯罪治理的一种阻碍。但既然对国家造成了这么大的伤害，为什么法律还允许他们这么做？这就是容隐制度的另一个积极作用，即它可以避免过度的追诉。古代人对过度严酷的刑罚也有反对，汉武帝时期，律法森严，杀亲之人，更是惨绝人寰，故文人用"父子相隐"这一理论来批判这

---

① 胡玉平：《论我国古代容隐制度与现代建构》，硕士学位论文，吉林大学，2012年。

种错误。在诉讼过程中，如果对亲属间相互容隐彻底否认，亲属株连或者作为亲属的首匿者连坐的现象势必会出现。而随着社会的发展，连坐、株连在社会中处于极其敏感的位置，人们对连坐的态度也更倾向于否定。在此种观念下，容隐制度便更有其存在的价值。

但客观来讲，容隐制度虽有一定的法理的合理性，其缺点亦很明显，尤其是在我国重视亲缘的传统观念之下，建立容隐制度可能会极大地放纵犯罪。但容隐制度的启示在于，司法应当避免陷入机械主义的境地，当处于亲人的名誉、财产、自由甚至是生命遭受威胁的紧急关头时，要想让大多数人平静、理智地去对待，而不是把犯罪的亲人藏匿起来，这是不可能的。很多大陆法系国家把上述情形按照紧急避险予以处理，但这显然并不符合我国刑法关于紧急避险的规定。我国刑法强调，避险的目的是避免国家、集体利益和个人合法权益遭受损害，而隐匿亲属犯罪的行为显然不符合该要求。对此，尽管我国在短期内可能很难与之相同，但在刑罚结果上，尤其是量刑层面可予以适度地考量。

四 我国"窝藏、包庇罪"的立法现状

通过对我国古代窝藏罪的分析不难发现，在中国古代窝藏罪的发展历程中，一直奉行的刑事政策便是：重惩窝藏犯、允许亲属间容隐犯罪。亲属之间相互容隐的制度源于先秦儒家的"父子相隐"学说，西汉时期确立"亲亲得相首匿"、唐朝确立"同居相隐不为罪"，在封建社会的存续期间，始终是主要的立法原则。直到中华人民共和国成立以后，亲属之间相互容隐的思想才被视为陈腐落后的封建糟粕，最终被彻底摒弃。

我国现行刑法对亲属之间相互容隐的行为采取的态度与古代封建时期截然不同，并不会将罪犯的亲属排除在法律相关规定之外。如《刑法》第三百一十条规定："明知是犯罪的人而为其提供隐藏处所、财物，帮助其逃匿或者作假证明包庇的，处三年以下有期徒刑、拘役或者管制；

情节严重的，处三年以上十年以下有期徒刑。犯前款罪，事前通谋的，以共同犯罪论处。"这就表明，亲属间实施的窝藏、包庇等容隐行为，应当被认定为窝藏、包庇罪，同时，其应被判处的刑罚也与一般的犯罪主体完全相同。《刑事诉讼法》第五十四条规定了单位和个人交出证据的义务，第六十二条第一款规定了单位和个人作证的义务，第一百一十条规定了单位和个人报案、举报的义务。这就说明，无论是否为罪犯的亲属，都必须履行交出证据、作证、报案和举报等法律所规定的义务。

五 青少年窝藏包庇犯罪的预防治理：树立正确的友谊观念

花荣因与宋江之间的友谊而窝藏包庇宋江，最终也落得被擒获的下场。这是所谓朋友义气导致实施窝藏包庇犯罪行为的典型代表。在青少年时期，友谊对个体的生活和成长有着重要的影响。然而，有些青少年可能会误解友谊的真正含义，认为"哥们儿义气"就是真正的友谊，即使这种"义气"可能会导致他们触犯法律，如触犯窝藏、包庇罪。"哥们儿义气"是一种强调无私奉献、无条件支持的友谊观念，然而，这种无条件的支持如果包括帮助朋友掩盖犯罪，或者参与犯罪，则是违法犯罪行为，需要受到法律的制裁。真正的友谊应该是建立在相互尊重、理解和支持的基础上。真正的朋友会引导你遵守法律，而不是促使你违反法律；真正的朋友会帮助你成长，而不是带你走向犯罪的道路。因此，在青少年法治思维培养教育的过程中，杜绝因错误友谊观念而导致的窝藏包庇犯罪，树立正确的友谊观念，有其必要性和重要意义。

在我国的司法实践中，有很多因为朋友义气导致的窝藏包庇犯罪。2020年6月，犯罪嫌疑人程某在明知刘某正在被公安机关追捕的情况下，仍将刘某藏匿于自己的出租房内十余天，后又用自己的身份证登记宾馆供刘某住宿，并为其提供餐食、衣物，还提供电话卡供其与外界联系。直到6月底，公安机关才将二人抓获归案。人民检察院受理该案后，经审查认为，犯罪嫌疑人程某明知刘某是犯罪的人而为其提供隐藏处所，帮助其逃避法律追究，其行为已构成窝藏罪。且其曾经两次因故意犯罪被判处刑罚，属于应当逮捕的情形，遂做出批准逮捕的决定。①

青少年在错误友谊观下实施窝藏包庇犯罪行为的情况并不少见，对青少年窝藏包庇犯罪进行预防和治理，是青少年法治教育中的重要环节。因此，在对青少年进行常规法律知识教育和法治思维训练的同时，不能忽视正确友谊观念的灌输。在青少年法治教育的过程中，可以通过以下几个方面，帮助青少年树立正确友谊观的方式，实现对窝藏包庇犯罪的预防和治理。第一，在课堂内，通过相关青少年窝藏包庇犯罪典型案例的展示，让学生认识到错误友谊观的不良影响，并借此普及窝藏包庇犯罪等相关的法律知识，增强刑法在学生心目中的威慑力，树立法律的权威。第二，在课堂后，通过课后作业，让学生谈一谈对正确友谊观的认识，回顾课堂学习的典型案例和相关法律知识，明辨朋友义气行为的合法性与违法性，树立正确的法律意识和法律观念。第三，在课堂外，通过组织学生参与有关朋友义气导致的违法犯罪活动的法律宣讲活动、送法进社区活动、旁听庭审活动等，不断加强学生对正确友谊观的认知，不断提高学生遵守法律、学习法律、运用法律的能力。

健康的友谊关系对青少年的心理健康发展有积极的促进作用，能够帮助他们实现从校园到社会的良好过渡，从而能够促进社会秩序的稳定、避免社会矛盾纠纷的发生、降低违法犯罪率。因此，正确的友谊观念对青少年教育影响深远，对于青少年法治教育而言也必不可少。

---

① 太白县人民检察院：《为"义气"窝藏朋友触犯法律被批捕》，2020年7月17日，http://www.sn.jcy.gov.cn/bjstbx/jcwh/jcxx/202007/t20200717_180344.html，2024年3月18日。

第十一章　从石秀看宋代教唆罪

石秀，绰号"拼命三郎"，原籍为金陵建康府，在梁山泊英雄中排行第三十三，对应星号为"天慧星"，被封为步军统帅。关于"慧"字的含义，《说文解字》的解释是"儇也"，《康熙字典》的解释是"慧利也"，《谥法解》曰："柔质受谏曰慧"，朱右曾注解："慧，智也。能受谏则慧"。总之，"慧"就是聪明的意思，但是用于底层群众则带有狡黠之类的味道。比如，孔夫子在《论语》里曰："群居终日，言不及义，好行小慧，难矣哉。"《增韵》的解释是，"性解也，妍黠也"。石秀首次出场于《水浒传》第四十四回"锦豹子小径逢戴宗，病关索长街遇石秀"，"小人姓石名秀，祖贯是金陵建康府人氏。自小学得些枪棒在身，一生执意，路见不平，但要去相助，人都唤小弟作拼命三郎"。[①]

施耐庵把"机"字批给了其书中设定为最聪明的吴用，而把"慧"字留给了石秀：一个机深智变，另一个秀外慧中。从《水浒传》的情节推动来看，石秀并不是拥有大智慧的人，既不是鲁大师的那种智慧，也不是智多星的那种智慧，而是一种偏向精细谨慎的底层智慧。《水浒传》中《西江月》对石秀的词评是，石秀是个性情急躁、机灵警觉、侠肝义胆、待人真诚热情的英雄。但同时，从潜文本的讲述可以看到石秀的另一面，他心思异常缜密，不是一个行事光明磊落、堂

[①]（明）施耐庵、罗贯中：《水浒传》（上），人民文学出版社1997年版，第592页。

堂正正之人。石秀早就知道潘巧云打着还愿的旗号，去报恩寺与僧人幽会，非但没有阻止，还对潘公和潘巧云含笑相权，让他们上点好香、早点回来。向杨雄告发义嫂的奸情以后，他又不断煽风点火，一定要让杨雄难堪，从而置潘巧云于死地。石秀这副残忍凶狠、口蜜腹剑、笑里藏刀的模样，让人毛骨悚然。

一 石秀教唆犯罪的过程

在《水浒传》第四十五回"杨雄醉骂潘巧云，石秀智杀裴如海"中，石秀最先撞破了潘巧云与裴如海的奸情，并在与杨雄的交往中及时透露出来。石秀对杨雄说，潘巧云并不是一个良善之人。杨雄让石秀直说实情，石秀便把潘巧云与僧人裴如海的奸情一一道出，撺掇杨雄对付这对奸夫淫妇。杨雄听了十分愤怒，石秀随即说出自己的计划，让杨雄今晚和平日一般，"明日只推做上宿，三更后却再来敲门，那厮必然从后门先走，兄弟一把拿来，从哥哥发落"[①]。该情节中，石秀的行为倒还称得上为"仗义"，毕竟发现通奸问题能够即时通报，这也是朋友之间坦诚相待之道。

但在潘巧云与裴如海事发之后，石秀的行为却值得商榷。《水浒传》第四十五回有这样的场景：杨雄让石秀帮他把潘巧云的头面首饰衣服都剥了，又把潘巧云绑在树上。石秀把潘巧云的侍女迎儿的首饰也去了，向杨雄递刀，并教唆杨雄斩草除根，把迎儿也杀掉。杨雄应允，手起刀落，将迎儿挥作两段。潘巧云情急之下向石秀求助，让石秀劝一劝杨雄，石秀反而煽风点火道："嫂嫂，哥哥自来伏侍你"，之后杨雄便将潘巧云残忍杀害。

根据《宋刑统·名例律》"共犯分首从及不分首从"条规定：共同犯罪的人，"造意之人"是首犯，从犯比照首犯减一等量刑。这是指

---

① （明）施耐庵、罗贯中：《水浒传》（上），人民文学出版社1997年版，第610页。

在共同犯罪中，以"造意"作为首犯与从犯的区分标准，也就是提出犯罪意图的人是首犯，应和犯意的是从犯。《宋刑统·贼盗篇》"谋杀、劫囚"条进一步对"造意者"进行界定，认为即使"造意者"没有直接参与具体的犯罪实行行为，本质上也不会影响其首犯的身份。因此，对于杀害迎儿的行为，石秀虽然没有亲自动手，其撺掇杨雄杀害迎儿的行为仍属于倡首先言，在法律地位上属于首犯无疑。以今日之视角，在石秀和杨雄"合谋"杀死潘巧云及其侍女迎儿的过程中，石秀的行为属于教唆他人。为此，本章以此为切入点，分析宋代的教唆犯罪。

二 宋代的教唆犯罪分析

在所有的犯罪之中，教唆犯罪属于起源较早的一种类型，毕竟相当多的犯罪是在别人教唆的情况下发生的。

(一) 宋代以前教唆犯罪的发展概况

法律意义上教唆概念的出现主要是在秦朝，这主要体现在共同犯罪者的功能分化之中。秦朝法律对共同犯罪的规定有所发展，主要表现在对共同犯罪加重处罚，明确了教唆犯这一共犯参与形式，并把教唆犯与实行犯等同处罚。《睡虎地秦墓竹简·法律答问》中记载有这样一个案例：臣子甲主谋并唆使他的妾室乙盗窃上级长官的牛卖掉，甲作为首犯，虽然没有实际实行盗窃犯罪的实行行为，但仍应当被判处与乙相同的刑罚。[1]

"教唆"的概念最初于秦简中产生，称为"谋遣"，即筹谋策划并派遣其他人实施犯罪行为。秦简中有两个案例，可以据此得出"谋遣"的"教唆"之义。一个案例是，甲"谋遣"乙盗窃，乙盗窃未遂即被

---

[1] 杨开江：《主犯研究》，博士学位论文，武汉大学，2012年。

抓捕，甲与乙同罪，两人都被判处赎黥之刑。另一个案例是，甲"谋遣"乙抢劫杀人，分赃时甲虽然只获得了十钱，但是由于乙的身高不足六尺，没有达到秦代规定的行为人具备刑事责任能力的标准，因此对甲加重处罚，判处磔刑。[1]

汉朝对秦朝的法律制度予以继承。由于《汉律》失传，有关教唆犯的法律规定无法根据《汉律》来考查验证。但从相关史料来看，汉代法律不仅规定了教唆犯罪的相关内容，对于教唆犯罪的惩罚也是非常严苛的。《汉书》中多处提及"使人杀人"，这便包含了犯罪的主谋者或教唆犯的含义。如《汉书》有记载："乐侯义，坐使人杀人，髡为城旦。武安侯受，坐使奴杀人，免。富侯龙，坐使奴杀人，下狱，瘐死。阳与侯昌，坐朝私留他县使庶子杀人弃市。"[2]

秦汉以后，封建刑法在前世的基础上不断发展，晋代有关教唆犯的规定，无论是在理论方面，还是在立法方面，都取得了长足的进展。尽管《晋律》遗失，难以找寻有关教唆犯罪的法律原文，但相关史料还有记载，如《晋书·刑法志》载"倡首先言谓之造意"，因此"造意者"就是第一个提出犯罪主张的人。也就是说，造意者是一个广义的概念，只要是首个提出犯罪主张的主谋者，或是教唆犯，抑或实行犯，都有可能被包含在造意者的范围以内。

唐代是中国封建社会法制发展的鼎盛时期，唐律首次规定了共同犯罪，并将共犯划分为首犯和从犯两类。《唐律·名例律》规定："诸共犯罪者，以造意为首，随从者减一等。"首犯，即为造意者，按照现代刑法理论，既包括提出犯罪主张的组织者、主谋者，也包括唆使他人犯罪的教唆犯，但不包括间接正犯。[3] 根据我国封建律学家的解释，"造意者"既然是"唱首先言"者，那就不仅包括制造犯意的教唆者，

---

[1] 肖常纶、应新龙：《谋遣·教令·教唆·造意》，《法学》1984年第3期。
[2] 魏东：《教唆犯诠释与适用》，中国人民公安大学出版社2012年版，第10页。
[3] 彭泽君：《教唆犯比较研究》，博士学位论文，武汉大学，2013年。

亦应包括合谋中犯罪主张或计划的先言者、主谋者。唐律中有时把"造意者"说成"元谋"（《唐律·贼盗律》），说明"造意者"具有主谋者的性质和意义。如果把"造意者"理解为首犯的一种，造意犯是单指教唆犯而言的，固无不可。然而，唐律中明明白白地讲，"以先造意者为首，余并为从"。这就是说，首犯就是造意者，造意者就是首犯。这两个概念不是从属关系，而是同一关系。所以，把"造意者理解为首犯的一种，是不符合我国封建刑法律文的立法原意的"①。

（二）宋代教唆犯的内容

宋承唐制，其对于教唆犯的规定基本沿袭唐代规定，并在此基础上进行了丰富，其中关于"教令"的规定值得一提。

1. 教令。关于教唆犯罪的相关规定，《宋刑统》常使用"教令"一词而非"教唆"一词，"教令"与"教唆"意义类似，但两者又不全然等同。除了"教令"，《宋刑统》还使用如"雇""诈教诱人""造意""诱导""使""嘱咐"等词来代替"教令"的含义。同时，《宋刑统》对教令犯的规定散布于不同条文之中，且教令有多重含义，其意思较为复杂。关于教令的含义，第一，教令即为教唆。"教唆"意为将自己的犯罪意图灌输给本来没有犯罪意图的人，使被教唆者按照该犯罪意图实施犯罪。比如，《宋刑统·斗讼律》"教令人告事虚"条中的"诸教令人告"，本条的"教令"就是使被教令者产生告发他人犯罪的意图，并按照该意图实施告发他人的行为。第二，教令即教育、命令。比如，《宋刑统·斗讼律》"殴詈祖父母父母"条中的"诸子孙违犯教令"，本条的"教令"就是长辈的教诲或者命令要求。虽然教令犯的含义明显大于教唆犯，但如果仅立足于共同犯罪这一领域，教令就仅是教唆的意思。

《宋刑统》中的教令犯也不同于造意者，尽管二者都是教唆他人产

---

① 吴振兴：《论教唆犯》，吉林人民出版社1986年版，第23—24页。

生犯罪意图,但最大的区别在于:教令犯在教唆他人产生犯罪意图后,并不一定实际参与犯罪,而造意者在教唆他人产生犯罪意图后,通常会亲自参与犯罪活动。这也造成了教令犯和造意者的刑罚差异。

2. 对教令犯的处罚。第一,将教令者视为首犯。《宋刑统·贼盗律》"谋杀人"条规定:雇请他人实施杀人行为,造意者是首犯,被雇之人是从犯。"雇请者"本质即为"造意者",应当被视为首犯,被雇请实施杀人行为的人,应当被视为从犯。对于谋杀人罪,首犯是否实际参与杀人行为并不影响其应被判处的刑罚,故雇请他人实施杀人行为的教令者,应当按照其所教令的所有犯罪予以刑罚处罚。

第二,将教令犯视为从犯。《宋刑统·斗讼律》"教令人告事虚"条规定:教令他人实施告发行为,被教令者为首犯,教令者为从犯;若告发之事为真,则应受奖赏,若告发之事为假,则应按照其所告发之罪予以处罚。而此条中首犯和从犯之区分的原因可能在于,被教令者存在较多的主观意志自由,是否向官府告发最终决定权仍在自己手中,实施告发行为以后,其应承担的主观责任较教令者而言会更大。

第三,对教令者不区分首犯与从犯,单独量刑。如《宋刑统·贼盗律》"造畜蛊毒"条规定:以迷信邪道害人的,教令者应当被判处绞刑。这是对教令犯的特别规定,并非像前文所述将教令犯视为首犯或者从犯,而是将教令犯的行为认定为单独的犯罪并予以处罚。

3. 对被教令犯的处罚。被教令者实施犯罪行为的前提是遭受教令者的教唆,因此可以说,对比教令者,被教令者并不具备主观故意犯罪的动机。基于此,依现代刑法的观点,被教令者所受刑罚原则上应当轻于教令者。但是,《宋刑统》基于被教令者存在犯罪实行者这一身份的考量,便将部分犯罪的被教令者视为首犯,并以此判处刑罚。除此之外,《宋刑统》基于被教令者是否具备完全刑事责任能力的考量,规定若被教令者属于完全刑事责任能力人,能够判断和控制自己的行为,其仍实施被教唆之罪,则应当受到刑罚处罚。

第一,按照被教令者的犯罪实行行为予以处罚。根据《宋刑统·斗讼律》中"教令人告事虚"条的规定,被教令者和教令者都触犯同一个罪名,被教令者视为首犯,教令者视为从犯,而不论所告发之事是否属实。

第二,对被教令者不予处罚。具体可分为两种情形:第一,被教令者不具备完全刑事责任能力。《宋刑统·名例律》中的"老小及疾有犯"条规定,年老者(比如,年龄在七十岁以上的人)、年幼者(比如,年龄在十五岁以下的人),以及患有残疾或疾病的人,如果被教令实施了相应的犯罪行为,法律不处罚上述被教令者,而只处罚教令者。因为被教令者不具备正常判断和控制自己行为的能力,只是作为教令者的犯罪工具。第二,教令者具有控制被教令者的权力。《宋刑统·户婚律》中的"嫁娶违律"条规定:男女双方被逼迫成婚,如果男方年龄不满十八岁,女方属于尚未出嫁的女子,则只惩罚主婚人。因为主婚人通常是一家之长,拥有控制子女的权力,其命令子女不得违抗,否则就是不孝,子女嫁娶违反律法并不是出于自己的意志。

三 宋代教唆犯罪的特点及其评析

(一) 宋代教唆犯罪的特点

其一,宋代教令犯的内容有别于现代刑法意义上的教唆犯。现代刑法意义上的教唆犯,是指教唆他人实行犯罪的人。其重要特征是,教唆犯仅教唆他人犯罪,自己不参加犯罪的实行行为。而通过本章对宋刑统等有关教令部分的分析可以看出,教令犯并不亲自参与犯罪行为的实施,而是通过"雇""使""遣"等方式,使他人实施犯罪行为。故而教令犯在概念上与我们现在所说的教唆犯是相似的,但在处罚上却不尽相同:现代的教唆犯,是以其所教唆的犯罪定罪处罚,而宋代对教令犯的处罚远不是如此简单,应该说没有固定的模式,而是在各个罪名、各个条文中单独规定。

其二,宋律之教令犯的内容不同于造意犯。从宋律的条文看来,造意犯和教令犯确有相似之处,均为产生犯罪意图的人。两者最核心的区别在于，造意犯所产生的犯罪意图，是包括他自身在内的，也就是说，造意犯是置身于事内的，对自己参与犯罪有明确的认识；而教令犯则置身于事外，使他人起意犯罪，并且对自己在教唆他人犯罪这一点上有明确的认识。

其三，宋律之教令犯的内容，除教令老小及疾外，属共同犯罪。有学者指出，《宋刑统·名例律》"老小及疾有犯条"中规定的教令犯相当于现代刑法理论中的间接正犯，因而也属于共同犯罪的范畴。笔者以为，此说法值得商榷，此条中的教令者与间接正犯并不相同。间接正犯，即把一定的人作为中介实施其犯罪行为，其所利用的中介由于具有某些情节而不负刑事责任或不发生共犯关系，间接正犯对于其通过中介所实施的犯罪行为完全承担刑事责任。① 在间接正犯场合，被利用者是无罪的；而唐律中的这种情形，老小是有罪的，并非无罪，只是根据当时体恤老小的思想而免除他们的刑罚而已，因而其并不是间接正犯，不能纳入共同犯罪的范畴之内。②

其四，宋刑统将共犯予以具体划分，对其刑罚轻重也予以细化。根据共同犯罪中犯罪分子对危害结果的发生所起的作用和其在犯罪中所处的不同地位，将共犯具体划分为首犯、从犯、教令犯、胁从犯。首犯即"造意者"，是首先提出犯罪主张的人，从犯是对首犯予以应和的人，也叫随从犯。在谋叛罪中，从犯也被称为"协同者"，《疏议》认为，协同者与造意者的犯罪目的一致，并且与造意者一起筹谋计划犯罪。在谋杀罪中，根据从犯是否能够促进犯罪实施，将其划分为"加功者"和"不加功者"。若杀人成功，"加功者"比照首犯减轻一等量刑，而"不加功者"比照首犯减轻两等量刑。"被驱率者""被逼者"是宋刑统中形容胁从犯的用词，其因被胁迫参与犯罪活动，缺乏犯罪故意，原则上应免予处罚。除此之外，针对没有同谋的共犯区分

---

① 陈兴良：《间接正犯：以中国的立法与司法为视角》，《法制与社会发展》2002年第5期。
② 范莉：《〈唐律疏议〉之共同犯罪研究》，硕士学位论文，中国政法大学，2007年。

首犯和从犯,主要依据是犯罪分子对危害结果的发生所起的作用,如不同谋的盗窃共犯和殴伤共犯等。但《宋刑统》在明确规定区分首犯和从犯的同时,也规定了一些不区分首犯和从犯的特殊犯罪情形。[①]

其五,对作为年老者的犯罪主体,刑罚适用特殊规定。在中国封建社会中,提倡"德治"和"仁政"的儒学思想始终居于主导地位。因此,在主流思想的引领下,矜恤老人、保护弱者的主张在刑法的制定和适用中予以体现,并且在沿袭革新的过程中,对老年人犯罪从宽处罚作为一项基本原则被确立下来。《宋刑统·名例律》"老小及疾有犯"条规定,老年人被教令犯罪,只惩罚教令者。《宋刑统》的立法本意在于,老年人不具有刑事责任能力,极易被教唆实施犯罪行为,成为教令者的犯罪工具。矜恤老人这一思想在共同犯罪中的体现还主要表现在,家人共同犯罪,原则上应当惩罚家中尊长,但若尊长年龄超过八十岁,则依法不受刑罚处罚,而是由家中次尊长接受刑罚。

(二) 宋代教唆犯罪规定中存在的缺点

其一,身份关系对定罪量刑的影响重大。在传统宗法伦理道德观念的影响下,立法中极为重视主体间的身份关系,并制定了存在特殊身份关系的主体犯罪不同于普通主体的特殊规定。共犯之间的特殊身份关系会影响到首犯与从犯的区分、刑罚裁量的轻重。这里所指的特殊身份关系主要是亲属关系、主奴关系和官吏关系。亲属共同犯罪,除侵犯个人利益的犯罪,其余犯罪都只处罚家中尊长;主奴共同犯罪、官吏共同犯罪,法律对主人和官员也给予了非常严苛的约束。

其二,对教唆犯的处罚体现封建刑法的专横性。在我国封建刑法中,不但一般的造意犯不完全是教唆犯,即使是那些使用教令一词的犯罪中的主体,与现代刑法中的教唆犯也并不相同。从秦代的"谋遣者",到汉代的"使人杀人"者,再到晋代以后的"造意者",虽与教唆之意类

---

① 李丹阳:《〈唐律〉共同犯罪研究》,硕士学位论文,天津师范大学,2021年。

似，但一直没有针对教唆犯确定统一明确的基本概念，也没有给予教唆犯独立的共犯的类型。究其原因，可能是多方面因素造成的，但最根本的原因，就是封建地主阶级根据其统治的需要，还没有把这个问题提到他们的法律议程上来。西村克彦先生在谈到唐律中何以没有设立教唆或帮助这种一般的共犯类型时说："其原因……'并不是嫌区别它们麻烦，而是在于要把更为广泛的犯罪的协力行为认定为犯罪行为'。"① 在这里，西村克彦先生把唐律中规定的首犯和从犯一律当作正犯，把帮助犯排除在从犯之外，这是不对的。如《唐律疏议》在解释谋杀罪时说的"虽不下手杀人，当时共相拥迫，由其遮遏"的"加功者"，就是帮助犯。但是，他的唐律中何以没有设立教唆犯这样的概念来作为一般的共犯类型的论述，还是有一定道理的。总之，封建刑法在共犯分类问题上的局限性，是封建刑法专制性、野蛮性、残酷性的一种反映，归根结底是由封建地主阶级专政的需要决定的。②

四　防微杜渐：教唆青少年犯罪的风险防控

当下，我们所面对的总体问题，就是要系统地、有计划地推进社会主义现代化。为了保证社会主义现代化建设的顺利进行，需要对社会造成重大影响的犯罪行为予以严厉惩处，为现代化建设事业创造一个安全、稳定的社会环境。在各种扰乱社会秩序、阻碍社会主义和谐社会建设目标实现的犯罪行为中，教唆青少年犯罪尤为恶劣。在司法实践中发生的许多案件表明，对未成年人的教唆，具有很大的腐蚀性和传染力，这也是目前未成年人犯罪率大幅上升的主要原因之一。正确理解这一问题，对教唆犯依法从严惩处，维护社会秩序，保障人民生命财产安全，保护青少年健康成长，培育社会主义新生力量，有着

---

① ［日］西村克彦：《东西方的共犯论》，王泰译，《国外法学资料》1982年第1期。
② 吴振兴：《论教唆犯》，吉林人民出版社1986年版，第25—27页。

重大的战略和现实意义。

(一) 青少年犯罪：教唆是其中的重要因素

青少年的可塑性强，往往容易受外界影响。由于年轻、缺乏阅历，认识问题往往是直观的、感性的，导致对问题的判断不准确，容易上当受骗。此外，青少年心智发展不成熟，容易冲动，做事不计后果。教唆犯利用青少年的这些特点进行教唆犯罪活动，不仅侵染力强，腐蚀性大，而且诱发快，蔓延广。教唆者一方面制造罪犯，另一方面又把犯罪观念散播给被教唆的人。在此意义上，教唆犯的危害效应并不只是由于他的教唆，使被教唆者实施犯罪，对社会造成有形的危害（在这种危害是一种物质性的结果时），还由于他的教唆，使得被教唆者产生犯罪思想，对青少年群体造成无形的危害。

凡事都是从量变到质变的变化。一个积极向上、进取有为、拥有崇高理想抱负的青少年，是不可能在一夜之间就接受一个教唆者的指使而从事一项犯罪行为的。因此，当一个年轻人开始犯罪的时候，一定会有一个从量变到质变的过程。一个青少年被教唆犯引上犯罪道路以后，有时会像传染病源那样，传染影响更多青少年，形成大带小、旧带新、一茬接一茬的现象。特别是青少年一旦走上犯罪道路，很容易产生破罐子破摔的思想，如果帮教工作跟不上，青少年就可能重新犯罪。青少年是祖国的未来，保护青少年的健康成长，培养和造就社会主义的一代新人，是关系到我们党和国家根本利益的百年大计。尽管被教唆犯引入歧途，走向犯罪道路的青少年是极少数，但这是关系到青少年教育培养的大事，我们切不可掉以轻心。[1]

(二) 教唆青少年犯罪的典型表现

近些年来，随着社会治理水平的提升，严重的刑事暴力犯罪从

---

[1] 吴振兴：《论教唆犯》，吉林人民出版社1986年版，第6—9页。

16.2万人降至6万人，被判处三年有期徒刑以下刑罚的轻罪案件占比从54.4%上升至83.2%。[①] 与之相应，青少年犯罪中严重的刑事暴力犯罪情况得到了很大程度的遏制。然而，教唆青少年实施新型犯罪的情况愈演愈烈。据2022年中国司法大数据研究院发布的《涉信息网络犯罪特点和趋势司法大数据专题报告》显示，我国涉信息网络犯罪案件数量，从2017年至2021年呈现出逐年上升趋势，其中，网络诈骗罪案件量占比最高，达36.53%。[②]

随着信息技术的飞速发展，尤其是以移动互联网为代表的信息技术，以前所未有的速度改变着人们的工作和生活。手机、平板、电脑等智能信息交流设备逐渐成为青少年学习和日常生活中的必需品。在虚拟空间内，通过言语劝说、鼓动、怂恿、悬赏等方式唆使青少年实施电信网络诈骗犯罪的问题频繁出现，近年来成为青少年犯罪的增长点。比如，某县公安局在辖区内接到上级推送的一条线索，"打掉了一个由在校大学生组成的诈骗团伙，他们专门为境外诈骗分子提供洗钱、通话等各种服务"，并最终抓获8名均为大学生的犯罪嫌疑人。该团伙在诈骗分子的引诱唆使下，逐步开展各种网络诈骗活动。前期，他们主要为诈骗分子提供养号服务，随着与诈骗分子之间的关系逐渐稳定，该团伙便开始通过架设GOIP设备为缅甸电信诈骗窝点提供帮助。[③] 类似这种在校大学生受到高薪蛊惑进而实施相关犯罪的案例近年来频发。

（三）打击教唆犯以维护社会治安

新型的网络教唆虽然有着明显的技术特点，但在实质上，它仅仅

[①] 张军：《最高人民检察院关于人民检察院适用认罪认罚从宽制度情况的报告——2020年10月15日在第十三届全国人民代表大会常务委员会第二十二次会议上》，《检察日报》2020年10月17日第2版。

[②] 胡发清：《我国青少年网络犯罪若干问题及其治理对策》，《预防青少年犯罪研究》2022年第5期。

[③] 济南市公安局：《因为同一件事儿，8名在校大学生被抓，济南警方通报》，2022年8月29日，https://m.gmw.cn/baijia/2022—08/29/1303114170.html，2024年3月19日。

是行为人主观上产生犯罪意图的诱因，教唆者自己并没有实施他所教唆的具体犯罪，而被教唆者才是真正的犯罪行为的实施者。因而，要多管齐下防范教唆青少年犯罪。同教唆犯作斗争有两条途径：一条是从教唆犯方面来说，将其揭露出来，并运用刑罚给予严厉打击；另一条是从被教唆者方面来说，增强青少年的免疫力，使教唆犯难于得逞。这不仅是司法机关的任务，也是各条战线的共同任务，是个综合治理问题。

在我国现阶段，虽然剥削阶级已经消灭，但是损人利己、好逸恶劳、贪图享乐、江湖义气、玩弄女性等剥削阶级思想残余还长期存在。有关青少年法治思维培养的家庭教育、学校教育、社会教育等方面均存在薄弱环节，很容易使剥削阶级思想残余乘虚而入，腐蚀某些意志不坚定的青少年，从而给教唆犯造成可利用的机会。与青少年的切身利益有关的一些问题，诸如文体活动、就业、升学、婚姻、住房等，如果得不到合理解决，也可能使某些青少年意志消沉，走下坡路，从而成为教唆犯的猎获对象。司法实践中的许多案例证明，教唆犯一般不是盲目地实施教唆行为，而是有选择的，其选择的目标大多就是从学习、工作等环节中沦落下来的消沉者、颓唐者。当这些人在人生的十字路口踟蹰彷徨时，教唆犯就可能伸出罪恶之手，将其诱向犯罪的歧途。如果被教唆者已经走上犯罪道路，再去挽救，固然也可以，浪子回头的例子在我国也并不少见。但是，如果亡羊之前，未雨绸缪，先行补牢，不就更主动了吗？而无论是亡羊之后再行补牢，还是亡羊之前先行补牢，都必须是各条战线互相配合、协同作战，否则，是很难取得显著效果的。

下篇 从水浒看宋代司法制度

第十二章　从杨志看宋代正当防卫制度

杨志，山西太原府人士，其自称为杨家将之后，即"三代将门之后，五侯杨令公之孙"，因脸上生长有一大块青记，绰号"青面兽"。在梁山排第十七位，对应星号为"天暗星"，位列马军八骠骑兼先锋使。

杨志颇具建功立业的抱负，希望能封妻荫子、光耀门楣，只不过这满怀的热情被太尉高俅砸得粉碎，但即便这样，杨志依然兢兢业业地为梁中书效力，升任管军提辖使，直到为梁中书护送一批贺礼前往东京太师府。在护送贺礼的方式上，我们能够看出，杨志是个细心人，他意识到这种大张旗鼓运送贺礼的风险，故向梁中书建议道，不用推车这么招摇的方式，而是把所有的礼品都装在十多个包裹里，装成客商的样子，再派十个身强力壮的侍卫扮作挑夫，悄无声息地到京城去。当得知谢都管和两个虞侯也要同行时，杨志意识到，这可能导致运送队伍的管理出现问题。为了保证押送贺礼队伍行动起来步调一致，杨志向梁中书表达了担忧，意思是，都管既是夫人的仆人，也是太傅府的奶妈，倘若在半路上跟杨志起了冲突，到时无法修正。梁中书听后说："我也不枉了抬举你，真个有见识！"同时要求都管和虞侯一路上听杨志的。通过与林冲的较量以及同索超的比试，我们可以发现，杨志武艺高强，而且有强烈的血统意识，希望为国出力、建功立业。

下篇　从水浒看宋代司法制度

一　气杀牛二：正当防卫抑或故意杀人

在《水浒传》第十二回"梁山泊林冲落草，汴京城杨志卖刀"中，杨志花光了所有的盘缠，无奈之下只得将祖上留下的宝刀"拿去街上货卖得千百贯钱钞，好做盘缠，投往他处安身"[①]。在卖刀的过程中，遇上了"开封府也治他不下"的"有名的破落户泼皮""没毛大虫牛二"。牛二询问宝刀价格，杨志回答道："祖上留下宝刀，要卖三千贯。"[②] 随后，杨志解释了他的宝刀价高的原因，一是能斩铜切铁，刀口不会翻卷；二是能吹毛就断；三是杀人后刀上没有血迹。牛二便让其验证真假，杨志根据牛二的吩咐，把这把刀的上述特点一一验证了一遍。见牛二没有买的意思，便让其不要再纠缠自己，两人起了口舌冲突，见牛二实在无赖，杨志勃然大怒，将他推倒在地。两人在纠缠之中，牛二右拳击出，杨志侧身一闪，又是一刀一刀刺出，正中牛二咽喉要害，登时倒地。杨志冲到牛二身前，在他胸口连刺两剑，将他刺死。

《水浒传》中的描写栩栩如生，这与日常生活中发生争执进而引发血案的场景颇有些相似之处，其中反映了一个长期困扰司法实践的难题——正当防卫。面对不法侵害进行反击是符合民众朴素法感情的做法，但也面临着一个长久以来的问题，就是反击程度的掌控。由此，本章分析一下正当防卫制度的发展。

二　正当防卫制度的历史沿革

正当防卫是一种现代刑法学意义上的概念，主要是对西方刑法理

[①]（明）施耐庵、罗贯中：《水浒传》，人民文学出版社1997年版，第157页。
[②]（明）施耐庵、罗贯中：《水浒传》，人民文学出版社1997年版，第158页。

论的借鉴,这里所说的"正当防卫"与我国古代的"正当防卫"并不相同。但是,在我国的刑法史上,的确存在正当防卫的渊源。

(一) 原始社会:正当防卫的原始形态

在原始社会,人们相互之间的斗争,主要是为了争夺本氏族的食物和生活资料,因而时常发生流血冲突。为了制止流血冲突,原始社会的人们便创造了正当防卫制度,即当自己的利益受到侵害时,可以对侵犯其利益的人进行攻击、斗争,即同态复仇。在这种制度下,人们之间的斗争和纠纷都通过调解解决,不需要动用刑罚。我国在原始社会时就有了正当防卫制度,可以说这是我国关于正当防卫制度最早的规定。但由于当时的生产力水平比较低,人们对造成的损害往往并不清楚,因此这一规定也被后来一些人所曲解。原始社会的正当防卫制度(同态复仇)是原始人为了维护部落安全而创造出来的一种自卫机制,体现了一种粗略的公正观念。①

(二) 奴隶社会(夏商西周春秋战国时期):复仇与正当防卫萌芽

生产力的发展推动了生产关系的变革,原始社会在此过程中演变为奴隶社会,公权力的机器得以成形并开始运转。国家刑罚权就是公权力的重要组成部分之一。与此同时,社会的基本单元不再是纯粹的氏族集群,而是转变成了以地域标准以及家庭关系联结的社会组织结构,原初的复仇观念被消解大半。奴隶主贵族阶级一跃成为统治者,为巩固自身的统治基础,法秩序之外的私刑并没有得到彻底封禁。

在奴隶制时期,正当防卫制度获得了一定的发展,这主要体现在:

其一,正当防卫开始实现法律化。春秋战国时期,随着私有制的产生和发展,社会上出现了许多私田,私田上的劳动者与生产资料相

---

① 李恩慈:《论正当防卫制度的历史起源》,《首都师范大学学报》(社会科学版)1999年第3期。

分离，其人身安全和财产安全也就成了一件大事。因此，为了保护私人财产和人身安全，私力救济就成为当时一项重要的法律制度。如《尚书·舜典》中的"眚灾肆赦，怙终贼刑"[1] 被公认为是我国古代关于正当防卫精神的最早记载，意即在过失或灾害的情况下，罪行可以获得赦免。尽管这与现代意义上的正当防卫制度具有较大的差距，但已经有一定的正当防卫的色彩，体现了当时的人开始将这种现象进行总结，并进行法律化的尝试，作为行为评判标准进行推广，是一种进步。

其二，开始优化正当防卫成立的要件条件。随着时代的发展，在许多文献中体现正当防卫精神的规定更加细化，如《周礼·地官·调人》中的"凡杀人而义者，不同国，勿令仇，仇之则死"[2]；《周礼·秋官·朝士》中的"凡盗贼军乡邑及家人，杀之无罪"[3] 等。在这些规定中，已经开始注重正当防卫成立的要件因素，开始考虑因果关系在行为定性中的意义，注重对起因条件的把握，尽管这并非现代法理意义上的理论创新，但至少是在朴素的法感情的基础上展开的立法活动，具有现实意义。

值得注意的是，就当时整个社会而言，自我防卫或复仇依然是一个主流行为，国家的公力救济远没有普及，正当防卫还远未成为刑法的原则，自我防卫或复仇具有社会道义上的正当性。

(三) 封建社会：正当防卫因素的出现与发展

正当防卫发展的历史准确地讲是公刑取代私刑的过程。而这一转变完成之后，即以公刑惩罚违法犯罪之后，正当防卫的问题就成为关键性问题，其根本原因就是国家权力的出现，以及国家权力对私人空

---

[1] 顾迁注译：《尚书》，中州古籍出版社2017年版，第28页。
[2] 吕友仁、李正辉、孙新梅注译：《周礼》，中州古籍出版社2018年版，第118页。
[3] 吕友仁、李正辉、孙新梅注译：《周礼》，中州古籍出版社2018年版，第303页。

第十二章 从杨志看宋代正当防卫制度

间的干预。从制度层面观察,正当防卫制度经历了一个由简单到复杂、由低向高的过程。但值得注意的是,在漫长的封建社会时期对正当防卫的认识绝非今日对正当防卫的理解,但从制度化发育的角度来说,这一进步是明显的。

其一,两汉时期,随着国家统一以及儒家文化主流地位的确立,法律制度也日趋完善,在这一过程中,自我防卫或复仇的空间日益被压缩,西汉时期国家开始尝试禁止复仇,到东汉时期,私力复仇则被大量禁止。[1] 由国家法律处理相关的私人纠纷,进而禁绝私力复仇所导致的社会不稳定,毕竟在私力救济盛行的社会,豪强巨富为了能够复仇或防止被复仇,往往会强化个人武装力量而普通百姓为了相同的目的,不仅会收集武器强化武力,而且可能会投靠私人武装集团、黑社会性质组织等。这些都属于社会的不稳定因素,因而也为当时政权所警觉。

其二,隋唐时期,正当防卫在刑法中的制度化、原则化发展到了一个关键时期。如《唐律疏议》卷第十八《贼盗律》第二百六十九条规定:"诸夜无故入人家者,笞四十。主人登时杀者,勿论;若知非侵犯而杀伤者,减斗杀伤二等。其已就拘执而杀伤者,各以斗杀伤论,至死者加役流",即对于夜晚没有缘由入侵别人家中的,主人发现后可以进行防卫。这被认为是古代正当防卫作为法律规范第一次比较正式的出现,尽管该条规定比较简单,但"麻雀虽小,五脏俱全",该规定对正当防卫成立的时间条件、起因条件、对象条件、限度条件、意图条件等都进行了规定,从构成条件上来看,这一规定在当时是比较先进的。而且《唐律疏议》对该条文进行了法律解释,如"问曰:外人来奸,主人旧已知委,夜入而杀,亦得勿论以否?答曰:律开听杀之文,本防侵犯之辈。设令旧知奸秽,终是法所不容,但夜入人家,理或难辨,纵令知犯,亦为罪人。若其杀即加罪,便恐长其侵暴,登时

---

[1] 瞿同祖:《中国法律与中国社会》,商务印书馆2010年版,第83—86页。

许杀，理用无疑。况文称'知非侵犯而杀伤者，减斗杀伤二等'，即明知是侵犯而杀，自然依律勿论"。除该条之外，在唐律之中存在着较多关于正当防卫的条款，反映了封建时代对于正当防卫问题的认识已经到了一个相对成熟的阶段。

其三，宋代正当防卫制度基本延续了唐律中的相关规定。其关于正当防卫的条文与唐代规定相同，分散在各个具体的罪责条文之中。①

三 典型案例下看我国正当防卫制度的发展

近年来，随着部分典型性案例的出现，我国正当防卫的理论与实践取得了较大的进步，而正如杨志气杀牛二一般，具有积极的加害意思的反击行为的定性始终存在重大争议，有学者主张后动手一方成立正当防卫，有的学者主张双方均成立聚众斗殴。2011年4月2日，江苏省常熟市忠发公司办公场所发生了两帮人的激烈斗殴，即"常熟市何某、曾某等人聚众斗殴案"。对于该案的判罚在学界引起了巨大的争议。选取该案为切入点，有助于明晰积极的加害意思的反击行为的定性以及相关的实践意义。

（一）案情回顾与法院判决

案件起因：2010年年末，江苏省常熟市忠发投资咨询有限公司（以下简称"忠发公司"）法定代表人徐某经他人介绍多次至澳门赌博，欠下曾某（另案处理）等人为其提供的巨额赌资。后曾某亲自或指使杨某、龚某、朱某（均另案处理）等人多次向徐某讨要该笔赌债。

协商未果：2011年4月2日上午，被告人何某受徐某指派与张某、陈某等人至常熟市枫林路来雅咖啡店与杨某等人就如何归还该笔赌债谈判未果。其间，李某（另案处理）携带菜刀与他人在咖啡店外等候，

---

① 江凌燕：《古今正当防卫制度比较》，《人民论坛》2013年第2期。

在杨某等人离开咖啡店时进行跟踪。其后何某等人返回公司，何某向徐某报告相关情况后，其他人返回暂住地。

矛盾升级：2011年4月2日中午，被告人何某在与杨某手机通话过程中，双方发生言语冲突，后被告人何某主动打电话给之前从未联系过的曾某，双方恶语相向、互有挑衅。被告人何某随即三次打电话给被告人张某，要求其带人至忠发公司。被告人张某随即纠集了陈某、张某礼、龙某及李某至忠发公司，并在该公司内准备了菜刀等工具，待人员就位、工具准备完毕后，被告人何某再次主动拨打曾某电话，通话中言语刺激、互相挑衅，致使矛盾激化。

冲突爆发：曾某便纠集杨某、龚某、胡某等人，持刀赶至常熟市甬江路8号忠发公司，当何某等人通过监控看到有多人下车持刀上楼时，何某等人在徐某办公室持刀以待。当曾某等人进入徐某办公室后，被告人何某、张某、陈某、张某礼及李某与曾某等人相互持械斗殴，龙某持电脑等物品参与斗殴，造成被告人何某及龚某、胡某受轻微伤，忠发公司部分物品毁损。

本案的焦点在于：事件起因是曾某为讨要赌债而与何某等人发生纠纷，在交涉过程中，双方并未达成一致，乃至在电话交谈中互相挑衅谩骂。在电话挑衅过程中，何某打电话向曾某"约战"，何某在此时已经预想到曾某会到公司进行斗殴，为此提前做好了各种准备。当曾某带多人到达现场时，双方遂发生了持械斗殴。对于何某等人行为的定性成为本案的焦点以及最大争议点。

（二）当前我国关于正当防卫的规定

我国《刑法》第二十条规定了正当防卫的构成要件。

1. 起因条件：不法侵害现实存在。正当防卫的起因必须是具有不法侵害的实际发生和客观存在。如果不存在不法侵害，正当防卫就无从谈起。

2. 时间条件：不法侵害正在进行。不法侵害的开始时间，一般认为是不法侵害人开始着手实施侵害行为，但是，在不法侵害的现实威胁十分明显紧迫，且待其实施后将造成不可弥补的危害时，可以认为侵害行为已经开始。

3. 主观条件：具有防卫意图。正当防卫要求防卫人具有防卫认识和防卫目的。前者是指，防卫人认识到不法侵害正在进行；后者是指，"防卫人以防卫手段制止不法侵害，以保护合法权益的心理愿望。凡正当的防卫意图都必须以保护合法权益、制止不法侵害为目的。防卫目的是确定防卫意图的关键"。①

4. 对象条件：针对侵害人防卫。正当防卫只能针对侵害人本人防卫。由于侵害是由侵害人本人造成的，因此只有针对其本身进行防卫，才能保护合法权益。即使在共同犯罪的情况下，也只能对正在进行不法侵害的人进行防卫，而不能对其没有实行侵害行为的同伙进行防卫。

5. 限度条件：没有明显超过必要限度。防卫行为必须在必要合理的限度内进行，否则就构成防卫过当。"是否超过必要限度并造成重大损害，是区别防卫的合法与非法、正当与过当的标志。"②

（三）本案是否存在成立正当防卫的情形？

在本案中，何某等人的行为是否成立正当防卫？到底应该怎样评价何某等人的行为？笔者从我国传统刑法理论着手，分析何某等人的行为，并讨论其行为是否成立正当防卫。

我国刑法传统的四要件体系，存在多种模式，如行为本位的犯罪构成论：客体—客观方面—主体—主观方面；行为人本位的犯罪构成论：主体—主观方面—客体—客观方面，以及主体—客体—主观方面—客观方面。本书采用的是行为本位的犯罪论构成体系。

---

① 高铭暄、马克昌主编：《刑法学》（第五版），北京大学出版社、高等教育出版社2011年版，第130页。

② 高铭暄、马克昌主编：《刑法学》（第五版），北京大学出版社、高等教育出版社2011年版，第133页。

1. 客体方面。根据我国刑法关于聚众斗殴罪的规定，聚众斗殴罪的客体是社会公共秩序。两队人持械在公司办公场所聚众斗殴，这种行为毫无疑问是侵害了刑法所保护的安宁稳定的社会公共秩序以及公民的人身安全，侵害了一定的法益。从犯罪论构成体系的角度来看，此类行为具有严重的社会危害性。

本案的一个重要争议在于，双方斗殴的行为发生在忠发公司内，这样算不算侵犯了社会公共秩序。有观点认为，这种行为不能被认为会干扰社会公共秩序。这种观点的错误在于，其对社会公共秩序的理解存在偏差。依目前的理论看，"公共秩序既包括公共场所秩序，也包括非公共场所秩序。在非公共场所结伙殴斗，也可能成立本罪"[①]。所以在双方斗殴的场合，讨论斗殴场所并无实际意义。

2. 客观方面。首先，两队人都已着手实施了犯罪行为，即拿着各自的刀进行了互殴，并且犯罪行为实行完毕。其次，两队人的互殴造成了实害后果。致双方三人受轻微伤，忠发公司部分财物受损。从客观方面来看，有犯罪行为的实施，有危害结果的发生，且两者间存在着因果关系，就这一要件来看，是符合的。

3. 主体方面。本罪的主体为一般主体，即凡已满16周岁且具有刑事责任能力的自然人均可成为本罪主体。本案犯罪嫌疑人何某等6人具备相应的责任能力。

4. 主观方面。首先，从故意与过失的判断来看，该案的犯罪嫌疑人积极准备工具并实施互殴行为，可以认定为故意。

其次，如果要认定其具有正当防卫的情节，那问题就在于，何某等人的防卫目的是否符合正当防卫成立的条件。根据现行法律的规定，在正当防卫中，实施侵害行为的当事人的动机是出于保护合法权益。相反，诸如防卫挑拨、相互斗殴、偶然防卫等，都是不具有防卫意识

---

① 高铭暄、马克昌主编：《刑法学》（第五版），北京大学出版社、高等教育出版社2011年版，第540页。

的行为。从何某和曾某等人积极准备工具的行为来看,两队人都具有侵害对方身体的意图,尽管侵害行为在时间上可能存在先后之分,侵害结果在程度上可能有轻重之分,但双方行为都不存在构成正当防卫的前提。客观地讲,很难认定何强等人仅是为了维护自身合法权益而实施这些行为,如果单纯要从维护其自身合法权益来看,其拥有更好的方式来解决问题,如报警、逃跑、躲避、拖延、认怂等。

再次,就本案而言,即便认定何某等人采取了防卫手段,也不能成立正当防卫,因为双方争夺的是"赌资",是为保护非法利益而实施的行为,这类行为明显缺乏防卫意图的正当性,不能成立正当防卫。

复次,就现实紧迫性而言,现实紧迫性表现在正当防卫人具有"不得已而为之"的特点,是在此种情形下没办法的办法。就本案而言,何某等人已经预见到侵害的发生,但这并不意味着侵害就具有了现实的紧迫性。试想一下,一群积极准备犯罪工具的歹徒,他们在准备过程中的从容以及面对暴力时的自信,很难让我们相信这是在现实紧迫侵害面前"不得已"而为的必要行为。

最后,何某等人具有前述的"积极的加害意思",何某等人在面对所预期到的侵害时,并未选择回避这一具体侵害,而是出于利用此机会积极地向对方实施加害行为,在此种情形下,就不能认定所预期的侵害满足现实紧迫性要件。当具有"积极的加害意思"时,就否定了紧迫性的存在,既不成立正当防卫,也不成立防卫过当。

(四)关于本案的一些其他思考

1. 聚焦本案来看,聚众斗殴罪是典型的行为犯,即"法律规定以实施某种行为为既遂标准的犯罪"[①]。换言之,行为所导致的结果对定罪是没有影响的。但在认定该罪时,有观点认为,不能因为双方都有打斗行为就认为构成故意伤害罪或者人多就构成聚众斗殴罪。

---

① 李洁:《行为犯与危险犯之界限探析》,《阴山学刊》(社会科学版)2004年第6期。

即使是约定打架，如果只造成对方轻微伤，也不构成故意伤害罪或聚众斗殴罪。在此，以结果的大小作为区分罪与非罪的标准，未免有些不妥。

此外，这种在斗殴中对于同一行为采用不同的标准是否合适，尚存争论。同样是一拳击打过去，可能在有的人身上是轻微伤，在有的人身上则是重伤，到底应采用什么样的标准来衡量呢？如果一个人同时与两人斗殴，使用同样的拳法和力度，结果致一人轻微伤，致一人重伤，产生了不同的结果，那对其行为怎样定性呢？如果认为对轻微伤的人不构成犯罪，而对重伤的人构成犯罪，这种结论显然是荒唐的，不能出现一种行为既构成犯罪又不构成犯罪。如果这种观点成立，那从有利于被告人的原则，在这种情况下，行为人应被判处无罪，这种观点又背离了其初衷——处罚造成重伤的行为。

2. 在双方约架行为中，行为人之间进行约战，其对于伤害对方的结果是同意的，但对于对方伤害自己的结果是不同意的。因为互相斗殴的本意是"击败对方"，不是"伤敌一千，自损八百"。从双方约架的行为是难以推导出对自己伤害的同意，因为同意对方伤害自己的逻辑前提是对施害人的行为有着清晰的判断，对其行为可能发生的后果有着清晰的认识和把握。但在互相斗殴中，一方对另一方的行为是难以预判和把握的。试想一下，互殴的结果可能是毫发无伤、轻微伤、重伤、死亡。然而，互殴中的一方能判断另一方将要对自己造成怎样的伤害吗？答案显然是否定的。既然无法判断和把握，又谈何对轻微伤害的同意呢？

3. 从法律信仰的角度和一般人对于法律的理解和感知来看，如果认定何某等人仅仅成立正当防卫，是不符合长期以来我们已经形成的法律逻辑和思维，更不符合我们的理性判断，是违背我们一般人朴素而又真挚的法感情的。

在刑事司法学界，民意对司法的影响长久以来为学者所诟病，但司法对民意的冲击也是一个值得讨论的问题。司法判决所具有的终局性能够对民意进行引导与分化，民意在分化过程中的反弹实现了对司法的影响。换言之，民意是一个"一体两面"的综合体，其正面与负面同样值得我们思考，美国宾夕法尼亚大学的保罗·H. 罗宾逊（Paul. H. Robinson）教授曾在其《大众正义直观对刑法的重要性》的报告中提到，刑事法律体系的设计与制定应遵从于大众正义观。的确，在刑事司法制度设计时充分考虑民意，并将司法制度的设计与民意的主流相协调，能够使判决的被认可度和可接受性得以提升。这并非屈从于民意，事实上在制度设计时能够合理考量民意，可以在一定程度上实现以民意之正面效应去克服民意之负面效应。

4. 从其理论体系上看，在目前较流行的德日三阶层理论体系中，正当防卫被当作排除违法性的行为，其实是行为人不负刑事责任的特殊情况，理由是这些行为尽管符合构成要件，但由于不具有违法性，所以不构成犯罪。该种说法未免牵强，正当防卫是符合"构成要件符合性"这第一阶层的，从其体系推定机能上看，应当也是"违法行为"，但该体系却将这种行为视为例外，从体系上说有所欠缺，也未必高明。

5. 如果将该案认定为正当防卫，依据法感情的理论，这势必会引起大众判断的混乱，在实践中会产生鼓励类似的斗殴事件、挑衅行为的发生，甚至会出现忽视"个案正义"的情况。

6. 如果何某等人的行为被认定为正当防卫，这不符合我国刑事司法审判的目的性，我国刑事司法审判的重要目的就是化解矛盾，而依三阶层论者的观点来看，其判决结果被另一方接受的可能性大大降低，矛盾未必能解决，可能还会产生新的"涉诉上访"等问题。

四 校园欺凌中的正当防卫

学生欺凌不是玩笑打闹，制止欺凌的反击行为更不是打架斗殴。但在反抗校园欺凌的过程中，双方往往会发生冲突。从司法实践的角度出发，在正当防卫与互殴之间存在认定上困难，2018年以来，山东于欢案、昆山于海明案、河北涞源反杀案等一系列案件的处理结果陆续向社会公布，大大改善了正当防卫的适用环境。校园欺凌是一个严重影响学生身心健康的问题，而正当防卫原则为我们提供了一些重要的指导，帮助学生更好地应对这一挑战。

首先，培养自我保护意识至关重要。学生需要明确知晓自己拥有保护自己免受侵害的权利。这意味着，他们应该具备识别欺凌行为的能力，并且能够采取适当的行动来应对，无论是身体上的攻击、言语上的侮辱，还是其他形式的欺凌。这种自我保护意识不仅仅是为了保护自身，更是为了维护整个校园环境的安全与和谐。

其次，明晰必要防卫的范围也是不可或缺的。学生在面对欺凌行为时，可以采取适当的防卫措施，但必须确保这些行为合理、适度，并且不会超出必要的防卫范围。这需要学生在行动前能够冷静思考，避免因情绪激动而做出过激的反应，以免造成不必要的伤害或进一步升级矛盾。

再次，理性判断行动方式也是应对校园欺凌的关键。面对欺凌行为，学生需要学会冷静理性地分析形势，选择合适的方式来制止侵害。这可能包括直接制止欺凌行为、寻求他人帮助或者报告相关部门。理性的行动不仅可以有效解决问题，还可以避免造成不必要的伤害或矛盾升级。

复次，学生在遭受欺凌时应该及时寻求支援。他们可以向老师、家长或其他权威人士求助，争取得到支持和保护。面对欺凌，独自承受往往会让学生感到无助和孤立，而及时求助可以帮助他们更快地摆脱困境，获得必要的支持与安慰。

最后，推广正当防卫观念对整个社会都至关重要。学校和社会应该加强对正当防卫原则的宣传和教育，让学生了解自己的权利和责任，以及在面对欺凌时应该如何理性、合理地应对。只有当整个社会都形成对正当防卫的认同与支持，才能更好地预防和解决校园欺凌问题。

综上所述，正当防卫原则为我们提供了重要的指导，帮助学生更好地应对校园欺凌问题。通过培养自我保护意识、明晰必要防卫的范围、理性判断行动方式、及时寻求支援以及推广正当防卫观念，我们可以共同努力，创造一个更加安全和谐的校园环境。

第十三章 从武松看宋代刑事审判程序

《水浒传》中是这样形容武松的："身躯凛凛，相貌堂堂。一双眼光射寒星，两弯眉浑如刷漆。胸脯横阔，有万夫难敌之威风；语话轩昂，吐千丈凌云之志气。心雄胆大，似撼天狮子下云端；骨健筋强，如摇地貔貅临座上。如同天上降魔主，真是人间太岁神。"[1] 血溅鸳鸯楼后，为躲避官府抓捕，改作头陀打扮，江湖人称"行者武松"。

一　武松涉入刑事审判的经历

武松的第一次现身，是在宋江逃避缉拿躲避在柴进庄上时，《水浒传》第二十二回"阎婆大闹郓城县，朱仝义释宋公明"中这样写道："宋江已有八分酒，脚步趄了，只顾踏去。那廊下有一个大汉，因害疟疾，当不住那寒冷，把一锨火在那里向。宋江仰着脸，只顾踏将去，正趄着火锨柄上；把那火锨里炭火，都锨在那汉脸上。那汉吃了一惊，——惊出一身汗来……"[2]

从这段关于武松出现情节的引子里，已经可以看出这汉子的无限坎坷来，投奔柴大官人，却又因为人处世不被下人所喜而被"疏慢"。后来，宋江极力结交这位新"相与"的好汉："当下宋江看了武松这表

---

[1]（明）施耐庵、罗贯中：《水浒传》（上），人民文学出版社1997年版，第288—289页。
[2]（明）施耐庵、罗贯中：《水浒传》（上），人民文学出版社1997年版，第286页。

人物，心中甚喜……宋江听了大喜，当夜饮至三更。酒罢，宋江就留武松在西轩下做一处安歇。次日起来，柴进安排席面，杀羊宰猪，管待宋江，不在话下。过了数日，宋江将出些银两来，与武松做衣裳。"武松在回清河县的路上，见酒家"三碗不过冈"，于是连喝十八碗酒，在景阳冈乘醉打死猛虎。下山时巧遇猎户，一同来到阳谷县县衙，将赏银全赠予众位猎户。知县爱其忠厚仁德，任命他为都头。后巧遇兄长武大郎，原来武大娶妻潘金莲，多有浪荡子弟来家骚扰，因此迁到阳谷县。而回家之后的武松本想能够兄弟重聚，却发生了潘金莲与西门庆杀害武大郎的事情，武松为哥哥报仇，杀死了奸夫淫妇。

事发后，武松被押到东平府审判，东平府府尹陈文昭怜惜武松是个有义的汉子，便把案卷改轻，将其刺配孟州。到达孟州之后，受到朋友施恩的关照，在服刑过程中总体还比较轻松，当朋友施恩遭遇蒋门神的敲诈而被夺走自己经营的酒店时，武松为其夺回酒店，但也因此得罪了蒋门神。蒋门神通过张团练买通张都监设计陷害武松，张都监请其来家，酒肉相待，灌醉武松，诬陷武松偷盗宝物，设计擒拿，导致武松被脊杖二十刺配恩州牢城。

毫无疑问，武松在各个案件中都经历了不公正的审判，这些不公正既给武松带来了便利，亦让其吃了较大的苦头。为此，本章对宋代刑事审判制度进行简要介绍。

二　宋代刑事审判制度的概况

宋代刑事审判制度承袭唐朝，并在此基础上有所发展，本章选取部分核心内容进行介绍。相比较而言，宋代应属于封建王朝中较开明的朝代，但其本质仍为封建专制政权，依然是由地方官员担任裁判，并将御史台、大理寺和刑部等多种形式融合在一起，最后形成以皇帝为中心的"地方官初审—大理寺、御史台复审—刑部终审"的审判体制，其中有部分制度值得分析。

第十三章 从武松看宋代刑事审判程序

（一）亲审录囚制度

"宋代司法审判在审理过程中主要需遵守的重要原则之一就是长官亲审原则，从而避免审判中的舞弊现象"，[①] 这也叫亲审录囚制度。正如古代其他朝代的录囚制度一样，宋代录囚制度也分为皇帝亲审录囚、皇帝选派特使到全国各地审查录囚、地方官员审查录囚。其中，最具政治彰显意义的就是皇帝亲审录囚，是一种由帝王对被判决的犯人进行审查，确认其判决是否合法，有无错误，以纠正冤案，及时处理案件。从汉代起，录囚之事就成了一种惯例，并被视为帝王"恤刑"的一种主要手段。宋朝皇帝经常亲自审理案件，如太祖、太宗、孝宗都曾亲审录囚，徽宗时更是常依御笔手诏断案。

（二）鞫谳分司

宋代鞫谳分司是宋代司法体制中的一大特点。宋代从大理寺至各个州，均实行谳官分司、审判分开的体制。中央大理寺和刑部都有专门的官员负责案件的审讯和判断，然后再将案件提交给其他的官员，这种由专职官员分别负责审与判的制度，叫鞫谳分司制。

鞫谳分司制度实际上把法律程序进行了分工，其特色之处就是将事实调查与法律适用进行区分，由不同的人来掌握该过程。鞫谳分司制度设计的初衷是防止司法官吏因缘为奸，避免一人独揽整个审判权而导致司法腐败问题的产生，以此保证司法审判的公正，同时也是因宋朝法律繁杂而要求司法官员专业化的结果。

（三）翻异别勘制度

翻异别勘制，又称翻异别推制。翻异别勘是一种为了避免司法不公而设立的复核制度。宋代别勘方式有两种：一种是初审机构之"移

[①] 谢伟帆：《从〈宋刑统〉剖析我国宋代司法审判制》，《语文建设》2016 年第 15 期。

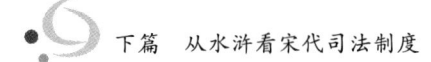

司别勘"；另一种是上级机构之"差官别推"。前者是将案件交由同级的其他机关审核，后者则是由上级机关指定其他机关审核或派员到原审机关复核，有点儿类似于今日的指定管辖与提级管辖。

（四）诉讼时限存在限制

宋代在审理刑事案件时，有所谓的"听狱之限"，它依据案情的不同，对案情的轻重进行严格的区分，并且对每个级别的案件都有严格的时限规定，以确保官吏能够尽快地结案。据《宋刑统》所载，按已审结的案卷数量来划分，并据此推算出开庭的时间，大案子要超过二十天，中型案子要在十天到二十天，小案子要十天，而且还规定了地方审判机关要在两天内审结案件，刑部要在九天以内。此外，《宋刑统》还规定，任何刑事案件的审理，都不能超过二十五天，以保障罪犯的权利，而不同的结案时间，又能确保特殊情况的处理，因此，司法审判体制的弹性也得到了增强。

（五）刑讯逼供具有合法性

刑讯逼供是指在司法审理中，对于有明确证据但拒不认罪的罪犯，可以采取刑讯逼供的方式，促使他们承认自己的罪行，并在判决书上签字。但刑讯逼供并不是无限的，存在程度上的限制，《宋刑统》对此作了一些限定：犯罪事实不清者不得刑讯；年长于七十，年幼于十五的残疾者不得刑讯；身怀六甲之妇人不得刑讯，从而确保刑讯作为问供手段，而不是逼供方法。①

三 宋代刑事审判制度的经验教训

（一）宋代刑事审判制度的经验

宋代刑事审判制度是对宋朝法律体系的总结和借鉴，但与唐朝乃

---

① 谢伟帆:《从〈宋刑统〉剖析我国宋代司法审判制》，《语文建设》2016年第15期。

至更往前的朝代的法律制度相比，在法律体系的完整性和严谨性方面，又有了很大的提高。其既保持前代刑事审判制度的精髓，又强化"仁"的灌输，从某种意义上来说，更能保证"人本思想"在司法实践中的贯彻。在依法治国的今天，贯彻和健全以人为本的司法理念，使司法工作更具有可信度和实效性，是实现以法为本、依法治国的根本保证。为此，我们应参考《宋刑统》中的"以人为本"和"以德为本"的原则，以保证社会底层群体的知法、懂法为主要内容，保证社会群体的基本权利，以"以民"为中心，以"为民"为宗旨，实现现代司法的"以民为本"。

（二）宋代刑事审判制度的教训

我们应当清醒地认识到，宋代刑事审判制度毕竟属于封建时代的司法制度，其缺点亦很明显：一是行政司法不分。整个封建时代，地方上行政官员兼职审判是常态化的制度设计，其中的行政干预司法的问题应当值得警惕，在这种兼职模式之下，审判必将成为一种边缘性的功能。二是刑讯逼供的合法化。刑讯逼供的合法化导致了严重的人权侵害，尽管宋代法律制度也在尽力贯彻"仁政"思想，但始终没有迈出人权保障的关键一步。三是实践中的审判公正不足。法律制度的规定再完善，关键还是依靠执行与监督，从《水浒传》中可以看出，宋代存在大量的审判不公的问题，这反映出在具体实践中，司法人员的不公正问题没有得到较好的监督与制约，值得深思。

四　我国刑事审判所遵循的原则

刑事审判是实现司法公正的关键环节，现代刑事审判应坚持以下原则。

（一）审判公开原则

刑事审判以公开为原则，以不公开为例外。我国法律规定了应当不公开审理的情形，包括涉及国家秘密的案件；涉及个人隐私的案件；审判的时候被告人不满18周岁的案件，以及可以不公开审理的情形：当事人提出的确属涉及商业秘密的案件。除此之外，人民法院审理案件都应当公开进行，这包括：一是庭审过程的公开性。法庭的审判行为包括证据的提出、调查与认定等，除法律规定的特殊情况之外，所有的内容都是在公开的法庭中进行的，并且还可以让公众旁听，让新闻媒体进行采访、报道。二是判决结果的公开性。判决以及其所依据的下级判决的事实和理由，应当在公众中公布，并准许媒体报道。

（二）裁判中立原则

审判中立，是指担负着审判职责的法院和法官，不能与控辩双方或案件有利益关系，同时，法官应当对控辩双方做到公正对待，一视同仁。审判要公平，就需要裁判者保持中立地位，要实现审判的中立性，就必须实现审判与控诉的分开。这有两方面的要求：一是主观上要确保审判中立的理念，树立客观公正的审判意识；二是客观上要严格遵守回避、管辖等要求。

（三）直接言词原则

直接言词原则是直接原则和言词原则的统称，其主要内容有：直接审理原则（法官要与诉讼双方及其他参加人进行直接接触）和直接采证（由法官对案情材料及证据进行直接审查）。"言词原则"，是指在法院进行庭审时，必须使用口头陈述的方式。直接言词原则的重要意义就在于把体现亲历性，传闻的、不可靠的，甚至杜撰、猜测的证据排除出法庭，确保法官的审判具有客观性。

（四）集中审理原则

集中审理原则也被称为不中断审理原则，是指法庭在不改变审判人员的前提下，保持庭审的连续性。集中审理原则体现了审判组织的一以贯之，这也是确保亲历性的关键。如果一个案件审理到一半时，突然更换审判人员继续审理，那意味着新加入的审判人员必然需要听取之前审判人员的介绍，而其中难免夹杂着之前审判人员的主观判断，在一定程度上会干扰新加入法官的判断，这样的审判可能是不公正的。而且，审理之后应当尽快作出判决，中间若间隔太长时间，意味着法官更容易受到其他因素的干扰。因此，集中审判原则的具体规定是，每一件案子都要由一个审判庭来审理，而且，在审理还没有完成以前，审判庭不能重新开庭，也不能换人，要把证据调查和辩论集中起来，不能打断，应迅速地作出裁决。

（五）辩论原则

辩护原则，指的是由刑事诉讼法规定的犯罪嫌疑人、被告人及其辩护人为反驳控诉，以事实和法律为依据，提出有利于被告人的证据和理由的原则。法庭辩论是以控辩双方为主体的，主要围绕证据、事实、程序以及法律适用等方面内容展开的，而全面的辩论是法庭判决的必要依据。很多事实的真相往往是在相互辩论中浮出水面，因而在庭审过程中要确保控辩双方充分辩论。

（六）保障诉讼参与人诉讼权利原则

保障诉讼参与人的诉讼权利原则，是指人民法院、人民检察院和公安机关应当保障诉讼参与人依法享有的参加诉讼的权利。实行保障诉讼参与人依法享有诉讼权利原则具有重要意义，比如，对于犯罪嫌疑人的辩护人而言，若不能阅卷、会见，那其存在的意义大大降低，其辩护效果也将无法体现。保障诉讼参与人依法享有参加诉讼的权利原则有三个方面的内容：一是人民法院、人民检察院和公安机关对所有诉讼参与人依法享有的各种诉讼权利，都应该予以保障。二是法律上对未成年犯罪嫌疑人、被告人的诉讼权利予以特别保障。三是参加诉讼的人员有权就侵害公民的行为向法院提起申诉。

（七）无罪推定原则

无罪推定原则，又称疑罪从无原则，是指任何人在未经依法判决有罪之前，应视其无罪。该原则的核心要义在于，法官在进行判断时，不能先入为主地认定犯罪嫌疑人有罪，因为一旦先认定其有罪，就会有意地关注其有罪的不利证据，忽视对其有利的无罪证据。冤假错案的产生与有罪推定的思维具有重要关联，因而，要杜绝有罪推定思维，贯彻无罪推定的理念。要贯彻无罪推定理念还要求被告人没有义务为自己的清白负责，不必提供对自己有利的证据，这是一种行使辩护权的行为。我国《刑事诉讼法》明确规定："未经人民法院依法判决，对任何人都不得确定有罪。"尽管该条没有明确写明"无罪推定"四个字，但其与无罪推定的精神一脉相承，体现我国刑事司法的进步。如"张某环故意杀人案"，此案中除张某环有罪供述外，没有直接证据证明张某环实施了犯罪行为，间接证据亦不能形成完整的证据链条，最终张某环被无罪释放。

（八）控辩平等原则

控辩平等原则，是指在刑事诉讼中，控、辩双方都拥有同等的法律地位，拥有同等的诉讼权利和义务，确保诉讼中双方的力量相等，从而形成一种平等对峙的局面。控方作为国家公权力机关，天然地具有更强大的办案力量，因而，控辩天然地存在不平等，在制度设计上就要注重双方的平等，实质上就是对权力的制衡。通过对权力的制衡，用权利来对抗和制约权力，以确保权力的合理运用，确保刑事诉讼的合意性。控辩平等既是指辩护人在行使辩护权时，享受与强有力的国家公诉机关同样的武装与保护的权利,也是指通过辩护人对辩护权的积极行使,对国家权力进行有效的制约与监督。

(九) 证据裁判原则

证据裁判原则,又称为"证据裁判主义",就是在案件审理过程中,对案件事实的判断,应当以相关的证据为依据;无凭无据,不能断定事实。在以审判为中心的诉讼制度改革中,对证据裁判原则的全面贯彻,是改革的一个重要方面。要在整个刑事诉讼程序中全面落实证据判决原则,就必须健全证据规则,为法官审查判断证据提供明确、具体的规范指导,促进办案人员根据裁判的规定和标准,收集、固定、审查、运用证据。

现阶段,主要有三个问题需要进一步完善:一是要进一步完善该规则的规范性基础,以此来界定应排除的证据种类,并解决有关证据能力认定的争论。二是要进一步完善证据排除制度的执行程序,尤其是在审理阶段,以标准化的程序来有效地解决诉讼过程中出现的证据资格问题。三是贯彻裁判说理原则,判决书不能简单地只宣告结果,也不能对判决理由一笔带过,而是应当充分说理。

五 庭审实质化:刑事审判的未来图景

当前我国刑事诉讼实践中,较为突出的问题便是"侦查中心主义",因而,推进以审判为中心的诉讼制度改革就具有重要意义。党的十八届四中全会提出:"推进以审判为中心的诉讼制度改革,确保侦查、审查起诉的案件事实证据经得起法律的检验。全面贯彻证据裁判规则,严格依法收集、固定、保存、审查、运用证据,完善证人、鉴定人出庭制度,保证庭审在查明事实、认定证据、保护诉讼、公正裁判中发挥决定性作用。""以审判为中心"不仅是我国当前的司法改革任务,而且也是我国刑事诉讼制度建设和完善的一个关键。审判中心不仅涉及侦、诉、审三者在诉讼活动中的位置和关系，而且涉及控、辩、审三者在诉讼活动中的权力分配。

　　长期以来，困扰刑事审判的问题就是刑事庭审虚化，这种虚化主要是指法官对案件事实与证据的认定往往不是在庭审过程中实现的，而是在庭前或庭后通过阅卷等工作来完成的。因而，要解决庭审虚化的问题就要针对性地推进庭审实质化，法官根据自己的经验和判断，作出最终的判决。"以审判为中心"的原则，就是要在审判过程与预审过程之间形成一种有效的分割，也就是要使侦查活动对司法活动的正常功能产生最小的影响。公安机关收集到的一系列调查证据，既是法院对其进行审查的主要依据，又是法院作出判决的依据。它在法庭上的呈现情况，取决于检察机关在审查起诉阶段的审查，从而影响法庭对证据的审查、心证的形成和判决的作出。为了使法院能够对案情作出全面的判断，公安机关必须进行讯问。此外，检察机关向法庭提交公安机关有关一系列侦查活动的书面材料也有其局限性，这些材料对案件事实的反映可能存在一定的局限性，在这个过程中，因为侦查人员自身的主观认知原因，不一定会将所有的侦查情况都进行记录，这不利于法庭对案件事实的认定和裁判的做出。侦查人员出庭作证可以解决以上问题，使法院可以明确侦查人员提供的证据的价值，消除庭审前的"流水式"流程对侦查人员的心证行为的影响，从而对案件作出最终判决。

　　庭审实质化改革主要可从以下方面展开：其一，强化主审法官的主办责任。通过强化员额法官的主体责任，将一些拥有较高理论水平和实践经验的法官选拔到审判长岗位上，将审判权力还给合议庭，充分发挥合议庭在案件法庭审判和事实认定中的积极性、主导性，最大限度地实现审判合一的诉讼目的。其二，在法院审理中，强化证据运用规范化、科学化和系统化，实行直接言词原则，对证人必须出庭作证的情况进行详细的规定，并规定不出庭作证的证人，他们的证词不具备证据资格，不能成为定案的依据。其三，强化审前程序的规范化、法律化，使之更有秩序、更有效地运作。比如，部分地方法院尝试开展庭前出示证据的改革，让控辩双方在开庭前对彼此手中的证据材料进行充分的了解，确保在开庭时"有备而战"，避免被突然袭击，从而提升刑事诉讼的效率。其四，改革与完善人民陪审制度，强化司法民主。在我国多年来的刑事审判中，陪审人员陪而不审沦为摆设的问题一直困扰着我国的司法实践，这也极大地影响到陪审人员作用的充分发挥和陪审制设立的初衷。近几年，我国法院加大对陪审制度的改革力度，根据全国人大常委会对陪审制度的规定，对如何建立、健全陪审制度进行初步探讨，并取得了一些成果。其五，强化量刑程序的规范化与量刑结果的准确性，探寻一条行之有效的量刑规范化改革之路。目前，我国法院量刑体系的改革，主要集中在两个层面上，即均衡量刑和独立量刑。在过去的几年时间里，法院对这两个方面进行了积极的探讨，并对其进行了持续的总结。到目前为止，这两个方面的改革已经取得了巨大的成果，得到了中央政法委和最高人民法院的认可，并提出要在全国范围内进行量刑规范化改革，这也是目前法院改革的主要内容。其六，强化裁判文书说理。这一制度的建立，直接关系到司法的公开与公正，也是最高人民法院多年来大力倡导与推动的一项重大改革。刑事裁判文书从过去的不说理，发展到现在的说理性越来越强。当事人和社会民众可以通过阅读裁判文书，对法院裁判结论是否合理，产生一个基本的判断。但是，仍然有为数不少的裁判文书，说理性不强，当事人和社会公众很难通过该文书做出一个理性的判断。除此之外，人权保障、程序正义等现代司法理念已经开始在很多法官的脑海中扎根，这些都在一定程度上促进了我国刑事审判制度的理性化进程。

第十四章 从朱仝看宋代侦查制度

朱仝是济州郓城县人氏，生得红面长须，酷似三国名将关羽，在县中担任巡捕马兵都头，与步兵都头雷横专管擒拿贼盗。从当今社会视角来看，朱仝是县城里的侦查大队长，"身长八尺四五，有一部虎须髯，长一尺五寸，面如重枣，目若朗星，似关云长模样，满县人都称他做美髯公。原是本处富户，只因他仗义疏财，结识江湖上好汉，学得一身好武艺"[①]。在梁山排行天罡星第十二位，力压武松、鲁智深等顶级战将，成为梁山上的"第一都头"。后来随宋江征讨方腊得以生还，被朝廷授予武节将军、保定府都统治，后又随刘光世大破金兵，因战功显赫，被封太平军节度使，可谓官至大军区司令员，成为梁山好汉中归宿最圆满的一位，星号为"天满星"。

一 且问出处：朱仝的生平事迹

（一）朱仝的职位分析

朱仝在聚义梁山前曾为郓城县的马兵都头。宋代的军队编制分为厢、军、营、都四级，军队可分为左右两厢或前后四厢，各厢的统兵官称厢都指挥使或厢头，北宋中期以后，厢一级编制被逐渐废弃或名存实亡。厢以下为军，编制名额平均为每军二千五百人，亦有三千五

---

① （明）施耐庵、罗贯中：《水浒传》（上），人民文学出版社1997年版，第172页。

百以至五千者，各军的统兵官被称军都指挥使或军头，其副职称为都虞侯。军以下为营，或称指挥，其统兵官称指挥使，其副职为副指挥使，编制名额每营五百人，但其实际名额多不足编制数。营以下为都，其都统官称为都头，副职为副都头，编制名额为百人，但实际会低于此数。不难看出，马兵都头是下级军官，其主要的任务是缉捕盗匪，绥靖乡里，其活动范围大抵不出本县。

征讨方腊班师之后，朱仝被封为保定府都统制。宋朝武将职位一般分为阶官和职官，对武将来说，阶官就意味着现在的军衔制度，用来确定武将的品级，而职官代表职务。北宋时期，由于未能实现统一，始终面临着周边政权的威胁，但宋朝又对武将极其防范，因而往往选择临时性都统制，负责管理军队。《宋史·职官七》曾云："根据诸军都统制、副都统制、统制、统领、旧制，出师征讨，诸将不相统一，则拔一人为都统制以总之，未为官称也。"

《水浒传》第一百回写道，"朱仝在保定府管军有功，后随刘光世破了大金，直做到太平军节度使"。[①] 节度使原是中国古代的军事将领，唐睿宗景云二年（711），贺拔延嗣为凉州都督充河西节度使，节度使开始成为正式的官职。安史之乱后，节度使的设置呈现出普遍化的特点；五代时期，节度使的权势达到顶峰；到北宋时期，在宋太祖杯酒释兵权政策的影响下，节度使的权力逐渐受到限制，但节度使成为武将的最高阶官和宗室、文臣勋旧以及宰执的加官，侍以降麻、赐旌节、铸三印（节度使印、管内观察使印、节度州印）。哲宗以前，节度使并不轻授；徽宗时，宦官共六人拜节度使，且必须冠以节度州军名，称"某某军节度使"。到南宋时，出现节度使加至三镇者，如岳飞、韩世忠等，而且在有宋一代，节度使的俸禄非常丰厚。

---

① （明）施耐庵、罗贯中：《水浒传》（下），人民文学出版社1997年版，第1296页。

（二）朱仝生平的几件大事

1. 缉捕不力，私放盗贼。晁盖和吴用偷了"生辰纲"，被知县识破，于是派朱仝和雷横前去抓捕。朱仝想要放走晁盖，所以命令雷横先攻晁家庄的前门，而他则从后面偷袭。晁盖不出所料，从后门逃了出去。朱仝放过了晁盖，提议让他到梁山泊隐居，并把自己的责任推得一干二净。最后，晁盖和他的手下一起去了梁山。宋江杀了阎婆惜后，阎婆将此事上报县令。知县虽然有心偏袒，却也唯恐阎婆去州上告他，于是吩咐朱仝和雷横，将宋江捉拿归案。朱仝到了宋家庄，吩咐雷横等人把守庄子大门，自己一个人进庄搜索，却发现宋江就在那座佛堂的地下室里。他不但没有捉拿宋江，反而劝说宋江远离此地，寻求庇护。返回县衙门后，朱仝再次动用关系，最终将宋江一案给压了下来。

朱仝身为郓城县马兵都头，职责就是捕盗安民，但是面对盗贼，他不但不抓，还给其指明一条逃跑之路。朱仝属于公门中人私通、结交匪类，已经突破了衙差的底线——有这样的人当都头，郓城县的治安自然很难变好。

2. 私放获罪，逃上梁山。雷横杀了新知县的情妇白秀英，被关进大牢。朱仝这时已被调去做监牢的头目，奉命押送雷横前往济州。然而，朱仝在半路上放了雷横，后回到县衙投案，被责罚二十大板，发配沧州大牢。朱仝到沧州后，得到了沧州县令和他儿子的宠爱。"盂兰盆节"那天，朱仝领着一个小衙役到"放生池"前去观灯火，正巧碰上奉命下山的雷横，将他拖到偏僻之地，与梁山"谋士"吴用相遇。吴用请朱仝上梁山，与他结伴而行。朱仝婉言谢绝，回到原来的地方，小衙役已经消失不见。后来，他在城外发现了已经被李逵打死的小衙役。朱仝恼羞成怒，和李逵打了一架，被带到了柴进的庄上，在众人的劝说下，他才答应上梁山，只是不愿意和李逵住在一起。晁盖等人从中斡旋，李逵跪地求饶，朱仝才"息事宁人"。

3. 战功赫赫，获得善终。客观来说，朱仝在梁山好汉中算是有一个比较好的结局。朱仝在梁山被招安之后，跟随宋江四处征战，立下了汗马功劳。在征辽时，朱仝为董平的副手，成功破阵，活捉了异族将领。在讨伐田虎的时候，与孙立、燕顺、樊瑞、马麟一等人一起守卫壶关。征讨方腊时，朱仝阵斩飞云将军苟正，生擒飞熊大将军许芳，大发神威，立下赫赫战功。前文在分析朱仝的职位时就提及，朱仝最终成为太平军节度使，人生经历了"吏—匪—军"的大变革，实现了独善其身。

回看朱仝的经历，我们发现，其从"吏"到"匪"的过程，并不存在所谓的"逼上梁山"，所谓英雄人物的"英雄豪气"和"身不由己"都名不副实。与林冲等相比，朱仝所遭受的法律制裁完全是咎由自取。朱仝作为拿着朝廷供奉的公职人员，没有做到忠于执法、克己守则。但其作为"侦查大队长"，是全县治安工作的第一责任人，其背后体现的是宋代的侦查制度，本章以此为视角，分析一下宋代的侦查制度。

二 宋代侦查制度的基本状况

"侦查"是一个较晚出现的表述，古代无"侦查"一词。关于"侦"字，《说文解字》解释说，"侦，问也，从人，贞声"。郑玄注："侦，问也，问正为侦。"另外，"侦"字还有"候""视""伺"等含义。关于"查"字，古代并无与"侦查"相关的释义。但侦查作为一个司法层面的概念则是古已有之，毕竟只要存在犯罪活动与公力救济，那就意味着要对事实真相进行探究，侦查活动便在有意无意之中开始了。观察古代侦查技术的发展，其有很多方面能够达到令人震惊的程度，尤其到了宋代，一些高水平的侦查成果已经出现。

(一) 宋代以前侦查制度发展的状况

在国家形成之前的氏族部落时期,就存在一定的侦查活动,只不过当时的生产力水平以及人类认知水平有限,彼时的侦查活动处于一种较为蒙昧的状态,但也属于侦查范畴内的活动,比如,当时较为流行的神示证据制度。东汉思想家王充在《论衡·是应篇》中记载:"皋陶治狱,其罪疑者,令羊触之,有罪则触,无罪则不触",这体现了相对原始状态下的"神明"裁判。

早在上古三代,由于奴隶制度的出现,国家就有了维持社会安定的责任。夏朝曾设六卿,即"后稷""司徒""秩宗""司马""共工"等。虽然在这个时期,人们对于国家的侦查功能还没有完全认识,但是,刑事司法的独立地位已经逐渐从制度设计上显现出来。商王朝成立后,王权得到强化,商王手握兵权、政权和司法权,许多罪案都是由他来定罪的。在商王之下,有很多为他管理奴隶的官吏,其中的大官被称作"宰",其他人被称作"小臣"。这些官吏都是商王的心腹,深得商王的信任。在西周,以"天子""诸侯"和"大夫"为核心的"三等"爵位体系已经比较完备,并初步确立了与之相对应的三级政体。"五听"是我国古代讯问手段中最有名的一种,也是最具代表性的手段。"五听"指的是辞听、色听、气听、耳听和目听。[①]

进入封建社会,随着国家功能的日益完善,侦查功能的独立性虽有所体现,但在制度结构上的变化并不显著,这主要是体现在侦查技术的发展,但总体制度安排上属于侦审合一的格局,审判人员仍然是主要的侦查主体,人员的交叉使得职权上的重叠或交叉始终存在。在宋代之前,侦查技术的发展取得了不小的进步,比如,秦代《封诊式》涉及讯问技巧、法医勘验技巧等一系列的侦查程序。在侦查重心上,注重获取口供成为历朝历代的重点,因而,对于讯问技巧的探索成为

---

① 刘佳:《从〈折狱龟鉴〉看中国古代侦查方法》,硕士学位论文,吉林大学,2014年。

历朝历代的特点,但缺点在于,为了获取口供不得不重视刑讯,进而出现了一大批酷吏。此外,由于对侦查活动缺乏有效监督,导致出现了一批勾结匪徒,操纵司法的污吏。

(二) 宋代侦查制度的主要情况

1. 侦查技术的发展达到封建社会的高峰。在社会秩序方面,宋朝是一个民族、阶级矛盾比较突出,社会治安比较紧张的时代,盗贼、恶霸、"袄教"盛行,各种恶性事件时有发生。在这样的社会环境下,宋朝的统治者和司法部门不仅加大对刑事案件的立法力度,同时也注重对刑事案件的总结,探讨刑事案件的应对之策,由此产生了《洗冤集录》与《折狱龟鉴》。《洗冤集录》既是中国第一部法医学专著,又是第一部以"先静后动"为原则的刑事侦查学专著,这一"黄金规则"在 13 世纪的宋朝就已为司法工作者所采用,并在当时遥遥领先于国际。而在现场勘察中运用的绘图技术和大量运用的悬赏通缉,也是其独特的侦破手段。郑克在其《折狱龟鉴》中,提出了"正法与诡术"相结合,"察情"与"证"相结合,"治狱贵缓"与"听"和"理"相结合、"审问"的技巧、"发觉线索的方法"、"诡术"运用的条件等。《折狱龟鉴》与《洗冤集录》被认为是中国古代刑事侦查研究的开山鼻祖。

2. 注重侦查活动运行的程序化。在侦查主体层面,宋朝延续了前代"行刑兼治"的做法,在州县仍实行"行刑兼治"。因为地方上的事情比较多,所以宋朝还设置了一些辅官,使其具有辅助主官查案的权力。在道一级,宋朝第一次设立了提点司,它同时具有审判和监察两种功能,对各道的犯罪案件进行调查。为维护社会秩序,宋朝还设置了三级以上的巡察衙门,以查缉盗贼和实地考察为主要功能。除此之外,在进行侦查活动的时候,宋朝法律还规定了管辖与回避制度,从而让侦查的结果变得更加客观公正。

整个案件办理的流程大致相似:第一步,立案受理是侦查程序启

下篇　从水浒看宋代司法制度

动的前提。在宋朝，报案的方式主要有两种，一种是官府依职权纠举犯罪，另一种是民众控告犯罪。此外，为了鼓励告奸，宋朝的法律还规定，民众控告为一种义务，如果不主动举告，还会受到惩罚。在接到一起案件之后，官府要坚持"不告不理"的原则、"告而不理"的例外，也就是只对上诉状中所写的东西进行审查，不能在状外询问。而对于有疑问的、越级起诉的、匿名起诉的、请求赦免的，即便是民众提出的，也不能受理。

第二步，立案以后就会开始侦查，最重要的一个环节就是调查取证。在调查和取证方面，宋朝的法律要求，探员必须尽职尽责，公正廉洁，但又不能随意侵犯被害者的合法权利，所以在审讯、勘验和强制措施等方面都有详尽的规定，特别是勘验检查制度的完备和系统，对中国古代历史产生了重要的影响。

第三步，案件的审理以案件的结案而告终。在案件事实清楚、证据充分的情况下，由侦查员将犯罪嫌疑人的口供和调查结果汇成一"款"，并由侦查人员书面抄送一份，以备庭审之用。对辖区外犯罪嫌疑人，还应采取"本贯会问"，即到犯罪嫌疑人所在地实地走访，以保证犯罪嫌疑人口供的真实性。

3. 强调证据在证明活动中的重要性。宋代地方司法机关在办案中更注重对物证的收集和使用，并突破了"口供为主"的传统，取得了较大的进展。除此之外，在侦查过程中，司法人员还注意到对暴力取证的规避，在可能的情况下选择其他更为有效的侦查手段，实践中开始运用现场勘验、检查等措施，并在一定程度上结合讯问技巧，心理技术同样被巧妙地运用其中，运用"谲术"破案的例子亦较多，这种"软"与"硬"并重的手段，不仅大大提高了破案的效率，同时也充分体现了司法人员在侦破方面的精湛技艺。这与单纯依靠刑讯逼供的做法相比，已经是极大的进步。

三　宋代侦查制度的优缺点

在中国封建制度下，为了压制民众的起义，维护君主的独裁统治，历代王朝都颁布了刑法，用以调节社会秩序。从世界范围来看，中国是刑事诉讼制度的起源地。秦汉时期就有了为案件调查提供依据的考验性工作，并伴随着人类社会的发展、科技的进步，到隋唐时期，这种考验性工作已经发展到了一定程度。

（一）宋代侦查制度的优点

在宋代，一方面，经济、文化、艺术繁荣，市民社会发展迅速，有《清明上河图》这种世上奇观为证；另一方面，宋代的社会矛盾十分剧烈，这种社会矛盾在农村集中表现为土地兼并的无序化与过度化，而在城市之中则表现为收入巨大分化。由此产生了大量的失地农民，而在进入城市之后变为流民，这些缺乏谋生技能的流民导致宋代社会犯罪发案率高、恶性案件突出、种类多样、手段狡诈等。这也促成了侦查制度的大发展，宋代侦查制度的优点非常鲜明。

其一，注重实践经验的总结与推广。侦查很大程度上依赖经验，因而，不同的办案人员都有各自的办案心得，但宋代侦查制度中注重对经验的总结、提炼是其很大的优点，《疑狱集》和《折狱龟鉴》以及《洗冤集录》等著作都是对侦查实践经验的总结，具有重要意义。

其二，侦查学的理论发展达到一定的深度。分析相关的资料发现，宋代侦查学著作中，相关的理论模块已经粗具雏形，讯问技巧、勘验技术、强制措施运用、证据收集与判定等在现代刑事侦查实践中都非常重要的理论与时间模块都已经具备。具体而言，宋代侦查方法具有多样化，侦查策略具有先进性，宋代司法人员采用了诸如搜查、跟踪、耳目、侦查实验、现场勘验、搜捕、掩捕、比捕、巡捕、募捕、悬赏捕捉罪犯等方法和技巧。

其三，宋代侦查技术的传播推广具有一定的规模。伴随着印刷术的发展，宋代侦查技术的普及性较之以往有了较大的提高，这对于提升总体的侦查水平具有重要意义。

（二）宋代侦查制度的缺点

当然，宋代的侦查制度和技术也存在许多不足，这既有客观原因，也有主观原因。一方面是客观因素，科学技术的局限性使得很多侦查技术的准确性不足，这是由时代的科学发展水平所限，并不是侦查人员的问题，由此导致案件调查结果的准确性不足。而且，侦查技术过多依赖于经验判断，而非科学计量，同样会影响案件调查结果的准确性。《洗冤集录》的存在在某种程度上恰恰说明冤假错案始终存在，并且难以消除。

另一方面是主观因素，宋代依然很重视刑讯逼供，侦查技术完全适用的制度化没有实现，严刑拷打的证据方法、缺乏制度化的经验性证明方法、滥用强制措施、行政干预司法等问题依然严重。在基层，宋朝的县级机构设置比较薄弱，这就导致行政长官难以应对数量庞大的案件，这种案件多而人少的矛盾，使行政长官难以完全抽出精力应对案件，很多情况下是将案件交由具体的胥吏负责，只要胥吏给出相关意见，行政长官基本默认，这就容易造成冤假错案。

四　推进侦查活动的规范化改革

当前我国刑事诉讼实践中，较为突出的问题便是"侦查中心主义"，以侦查为中心的诉讼模式，在很大程度上影响了我国刑事诉讼的发展。由于侦查程序的封闭性、行政化等特点，导致刑事侦查程序中出现了一系列偏离司法规律和刑事诉讼法规定的异常现象，并且负面地影响了侦查程序诉讼职能作用的发挥和侦查程序的正当性，也妨碍了公诉程序和审判程序的良性运转。而侦查中心主义的具体表现就是侦查活动的规范性不足，这在以往表现为：

其一，侦查程序具有很强的封闭性色彩。程序越公开，运行越规范。尽管侦查活动具有一定的秘密性，但并不意味着侦查程序是完全封闭的，因为完全的封闭会导致侦查人员对侦查行为具有很大的决定权和随意性。比如，我国刑事诉讼法规定的五类强制措施中，除逮捕之外，侦查机关都有权自行决定、自行执行，而很少受到外来的有效监督和制约。在逮捕的审批上，检察机关对其缺乏有效的监督与制约，对逮捕条件的实质审查较缺乏，上述现象在司法实践中长期存在。尽管目前律师可以在侦查阶段介入侦查活动，但是在侦查阶段，律师的阅卷权、通信权、调查取证权受到限制，而且会见权也遭到了很大的限制，所以导致律师在侦查阶段所能起到的作用非常有限。因此，刑事诉讼法修改所想要借此实现对犯罪嫌疑人权利的保障，并对侦查权的不当行使进行限制的目的便难以达到。

其二，撤案较难且不规范。"侦查机关在实践中对自行撤案往往采取谨慎态度，一旦立案就意味着案件极难被撤销，并且衍生出了许多替代性消化案件的措施。……检察机关对通知撤案的适用更为谨慎，使得通知撤案处于'有名无实'的窘境。"[1] 换言之，一旦作出立案决定，要想撤案就非常困难，导致有错难纠。

其三，取证过程不规范。尽管近年来的执法规范化建设已取得相当成就，但刑事侦查过程中的刑讯逼供、违法取证问题依然没有得到彻底控制，依然不同程度地存在"变相刑讯"的现象，这些现象对侦查行为的正当性和侦查程序收集证据的证据能力问题都产生了影响。

其四，律师侦查阶段的诉讼参与权受到不当限制甚至侵犯。司法实践中，侦查机关限制甚至拒绝律师会见犯罪嫌疑人的现象较为严重，在很大程度上影响了律师辩护的效果。

---

[1] 韩晗：《检察权能新拓：撤案核准的内涵阐释与模式展望——兼论刑事撤案与监察撤案的制度建构》，《法律科学》（西北政法大学学报）2020年第2期。

针对上述问题，应当持续推进侦查机关办案程序的规范化，对此应从以下方面展开：其一，在不影响办案的情况下，侦查程序应适度公开。"在侦查阶段，对于案件信息应当以不公开为原则。当然，这并不意味着不公开是绝对的。根据《公安机关办理刑事案件程序规定》第四十七条的规定，公安机关应当依法将犯罪嫌疑人涉嫌的罪名以及当时已查明的该罪的主要事实，犯罪嫌疑人被采取、变更、解除强制措施，延长侦查羁押期限等案件有关情况，告知接受委托或者指派的辩护律师。此外，当一些社会热点案件发生时，侦查机关应当及时向社会公众适当地公开一些案件信息，以降温社会情绪，否则可能会因为侦查机关没有及时公布案件相关信息，致使舆情泛滥，进而妨碍公安司法机关依法独立办案。"① 在侦查程序的公开中，更重要的是向当事人家属及其辩护人进行信息公开，尤其是在关键节点的信息告知将对犯罪嫌疑人的权利产生重要影响。

其二，强化检察机关的侦查监督。检察机关对侦查的监督具有一定的滞后性与事后性，检察机关对讯问犯罪嫌疑人的程序建立监控机制，对搜查、扣押、监听等事项应逐步建立事先审查和同步监督。检察机关应强化对当事人的申诉救济，提升申诉救济的实质性。

其三，切实维护律师辩护权利。在我国刑事司法实践中，应当充分发挥律师应有的作用。目前在侦查阶段，律师的诉讼地位不明确，诉讼权利受到限制，使得在侦查阶段律师的诉讼介入难以起到应有的作用，更不能对侦查权形成监督和制约，但在律师辩护权发挥充分的案件中，当事人权利的保障水平却相对变高。因而，在侦查实践中，侦查机关和侦查人员应全力保障律师的会见权等权益。只要依法依规开展辩护，侦查程序不会受到不利影响，侦查行为也不会受到干扰，侦查人员所收集到的证据依然可以成为定案的根据。

---

① 周长军、彭俊磊、韩晗：《刑事庭审实质化研究——以诉讼公开为视角》，《山东审判》2017 年第 5 期。

其四，贯彻非法证据排除原则。我国已经建立了一套相对完整的"非法证据排除规则"，明确规定了非法证据排除的具体内容、诉讼阶段、排除程序等。但问题在于，实践中真正排除非法证据的案件相对较少，侦查机关自身以及检察官要敢于调查、核实非法取证行为，及时纠正、制裁非法取证行为，并要对相关违法侦查人员进行制裁。

其五，细化完善公安机关的办案规则。刑事诉讼法以及其他规定对侦查活动进行了一系列的制度规范，但关键在于，侦查机关办案人员要严格遵守法律规定，明确不按规范办案的程序性后果。

五 青少年涉入侦查程序的特点与原因

（一）青少年涉入侦查程序的特点

青少年是特殊群体，他们的身心发展处于由不成熟到成熟的过渡阶段，具有年龄小、可塑性强等特点。然而，由于青少年的心智尚未成熟，法律知识欠缺，在诉讼行为方面表现出一些特殊性。例如，在侦查阶段，青少年对侦查机关的侦查行为可能会产生不同的反应，包括接受或拒绝侦查人员的讯问，拒绝或提供伪证，被采取强制措施后对侦查机关的撤案、不起诉等决定不满。青少年涉入侦查程序中所表现出的这些特点决定了他们在侦查阶段权利保障方面具有特殊性。

（二）原因分析

青少年涉入侦查程序中的权利保障问题存在的原因有多方面，既有历史和社会背景的原因，也有法律规定和配套制度不健全的原因，更有司法机关在观念和认识上存在偏差的原因。主要表现在以下两方面。

一方面，青少年犯罪有其自身的特殊性，并且具有一定的危险性。青少年犯罪与成年人犯罪不同，其是在没有达到法定年龄或者刑事责任年龄时而实施犯罪行为。因此，在处理青少年犯罪问题时，要从其身心特点、社会环境、主观因素等方面综合考虑。

另一方面，法律对青少年犯罪规定得不够完善。目前，尽管我国制定了专门针对未成年人的法律规定，并对未成年人的年龄、刑事责任能力和刑事责任年龄等作出了相应规定。然而，这些规定还不够具体和完善，司法实践中对未成年人犯罪的处理依然还较为粗糙。

由此可见，部分青少年涉入侦查程序中，因其身心特点和法律素养的差异，对侦查机关的行为可能会产生不同的反应。然而，青少年涉入侦查程序中的权利保障是刑事诉讼程序中应予以重视的一个重要问题。在司法实践中，应当以青少年的身心特点和法律素养为基础，有针对性地解决青少年涉入侦查程序中可能面临的一系列问题。

第十五章　从董平看宋代监察制度

董平，河东上党郡人氏，善使双枪，绰号"双枪将"，曾担任东平府的"兵马都监"。梁山座次第十五位，星号为"天立星"。"董平心灵机巧，三教九流，无所不通，品竹调弦，无有不会，山东、河北皆号他为风流双枪将。"① 与关胜、林冲、秦明、呼延灼并居"马军五虎将"，把守梁山泊正西旱寨。

一　系统性腐败：水浒官场的主流生态

董平在上梁山之前担任兵马都监一职。"兵马都监"之职并非宋朝首创，大致可追溯于唐代的行营监军，屯驻禁军都监则由五代屯驻禁军监督官和地方藩镇监军使融合而成。行营都监主要由内诸司使和三班使臣充任，州县都监在监视藩镇方面发挥着重要作用。② 就起作用而言，最初的都监是伴随行营产生的，主要用于监督来自不同节镇以及神策军的行营大军，从职任上与诸道监军使并无实质差异，故都监又常被称为监军。③ 都监基本可视为军队系统的一种监察官员，但发展到后期，都监的职能逐步从监察走向军政，开始承担统兵职责，使得最

---

① （明）施耐庵、罗贯中：《水浒传》（下），人民文学出版社1997年版，第909页。
② 闫建飞：《五代宋初兵马都监的演进与地方武力的整合》，《学术研究》2020年第9期。
③ 闫建飞：《五代宋初兵马都监的演进与地方武力的整合》，《学术研究》2020年第9期。

下篇　从水浒看宋代司法制度

初的监察职能被冲淡,书中的描写也反映了这一点。在宋江驻军威胁东平府之时,"东平府程太守,闻知宋江起军马到了安山镇住扎,便请本州兵马都监双枪将董平商议军情重事","却说都监董平,点起兵马,四更上马,杀奔宋江寨来",此时的董平虽是都监,但俨然不仅是监察之官,而且成为一种军政主官。

纵观梁山集团,具有监察官员背景的人物并不多见,但监察制度在宋代政治制度的发展过程中具有重要地位,监察官员在官僚队伍中起到举足轻重的作用,但让我们深思的是:宋代监察制度是否真正发挥了作用?事实上,在梁山好汉中,有相当多的人物早先身处官场,担任过职务。如宋江是郓城县押司,林冲名义上是八十万禁军教头,武松是阳谷县的都头,朱仝是郓城县兵马都头,雷横是郓城县步兵都头,张清是东昌府守将,杨雄、蔡福都是押狱兼刽子手,花荣是清风寨的武知寨,李逵是江州牢头营的看管人员,鲁智深是渭州经略府提辖,孙立是登州兵马提辖,杨志和索超是大名府管军提辖使,秦明是青州的兵马指挥司统制,董平是东平府的兵马督监,关胜是蒲东的巡检,呼延灼是汝宁郡都统制等。总体而言,这些人物大多属于吏或者低级别官员,但其中的许多人在任职期间都属于典型的贪官污吏,如宋江、朱仝、雷横等,都存在滥用职权、收受贿赂的问题。在宋代基层社会中,腐败问题已经相当严重,其中武松状告西门庆的情节着重凸显了这一问题。西门庆害死武大郎被武松发现后,武松第一时间选择司法途径救济,到县衙告状,"知县见了,问道:'都头告甚么?'武松告说:'小人亲兄武大,被西门庆与嫂通奸,下毒药谋杀性命,这两个便是证见。要相公做主则个!'知县先问了何九叔并郓哥口词,当日与县吏商议。原来县吏都是与西门庆有首尾的,官人自不必得说,因此官吏通同计较道:'这件事难以理问。'知县道:'武松,你也是个本县都头,不省得法度?自古道:捉奸见双,捉贼见赃,杀人见伤。你那哥哥的尸首又没了,你又不曾捉得他奸,如今只凭这两个言语,便问他杀人公事,莫非忒偏向么?你不可造次,须要自己寻思,当行即行.'武松怀里去取出两块酥黑骨头,一张纸,告道:'复告相公,这个须不是小人捏合出来的.'知县看了道:'你且起来,待我从长商议.可行时便与你拿问.'何九叔、郓哥都被武松留在房里。当日西门庆得知,却使心腹人来县里许官吏银两"。① 收了西门庆贿赂的县衙,自是不予立案。"次日早晨,武松在厅上告禀,催逼知县拿人。谁想这官人贪图贿赂,回出骨殖并银子来,说道:'武松,你休听外人挑拨你和西门庆做对头。这件事不明白,难以对理。圣人云:经目之事,犹恐未真;背后之言,岂能全信?不可一时造次。'狱吏便道:'都头,但凡人命之事,须要尸、伤、病、物、踪五件事全,方可推问得。'武松道:'既然相公不准所告,且却又理会。'收了银子和骨殖,再付与何九叔收了。"② 走投无路之下的武松只得选择自力救济,杀掉潘金莲与西门庆。谋杀案如此重大的案件,地方官吏在收受贿赂后却选择了无视与纵容,可见宋代基层腐败之严重。

而在高层之中,腐败问题更为严重。在《水浒传》中,高俅、蔡京都是权倾朝野的显赫人物,但这两个人也是首当其冲的贪官,"智取生辰纲"的片段就深刻揭示了这一点。书中写道:"却说北京大名府梁中书,收买了十万贯庆贺生辰礼物完备,选日差人起程。当下一日在后堂坐下,只见蔡夫人问道:'相公,生辰纲几时起程?'梁中书道:'礼物都已完备,明后日便用起身。只是一件事在此踌躇未决。'蔡夫人道:'有甚事踌躇未决?'梁中书道:'上年费了十万贯收买金珠宝贝,送上东京去,只因用人不着,半路被贼人劫将去了,至今无获。今年帐前眼见得又没个了事的人送去,在此踌躇未决。'"③ 这一段描写透露了多个信息,其一,作为北宋高级官员的梁中书为了官位不得不向自己的丈人宰相蔡京送贵重礼金。其二,梁中书的一次生日贺礼

---

① (明)施耐庵、罗贯中:《水浒传》(上),人民文学出版社1997年版,第349页。
② (明)施耐庵、罗贯中:《水浒传》(上),人民文学出版社1997年版,第349—350页。
③ (明)施耐庵、罗贯中:《水浒传》(上),人民文学出版社1997年版,第198页。

就价值十万贯金银珠宝，而北宋时期宰相一月的俸禄大概为三百贯钱，那十万贯生辰纲几乎是一个天文数字，这也从侧面反映了梁中书是个贪得无厌的人。既然送一次生日礼物就价值十万贯金银珠宝，那其拥有的财产远远比十万贯要多才符合一般逻辑。其三，书中说道，在吴用智取生辰纲之前的一年，生辰纲就被偷过一次，那问题在于，被偷之后梁中书必然还会想办法及时弥补，换言之，梁中书聚敛财富的手段更为恶劣，形成了稳定的现金流，足见宋代官场上层腐败之严重。

当然，文学作品必然存在一定的演绎与夸张成分，但文学作品必然是来源于生活，至少反映出一定时代的社会风貌。因此，北宋官场自上而下存在着系统性腐败问题，而且这种腐败在某种程度上已经成为社会生态的一部分，身处其中的人物都难以免俗。那我们不免要问，在中国古代政治制度中，监察制度是其中的一项重要制度，那监察制度是否发挥了真正的作用。为此，本章对宋代的监察制度进行分析。

二　宋代监察制度的概况及其评析

（一）宋代前的监察制度发展简述

一般而言，古代监察制度的法制化大致确立于秦代。[①] 但在秦之前，就已经存在类似的监察制度安排。夏商周时期，奴隶主贵族统治集团也在寻求通过权力监督以维护政权稳定，但此时监察制度的设计尚处于萌芽状态，监察更多的是一种兼职。以西周时期的监督体系为例，大宰除行使监督权以外，还行使包括管理政府、领导万民（"治典"），奉行礼仪、安抚邦国（"礼典"），制定编制（"官署"），设官分职（"官职"）等多项行政权力，其职权缺乏专门化；小宰、宰夫和司会等官员都有经济监督的权力，但他们之间的权力分工并不明晰。这意味着，在夏商周时期，还未曾形成拥有独立地位和专门性职权的

[①] 彭勃、龚飞主编：《中国监察制度史》，中国政法大学出版社1989年版，第12页。

监督机关；或者说，在整个政权体系中，监督机关还缺乏独立地位，权力监督的体系化和制度化还相对薄弱。①

春秋战国时期，随着传统奴隶制社会生产关系的分崩离析，新兴地主阶级代表在政权体系中成为重要一极，权力监督机制也逐步发展，并开始系统化、成文化，其中，法家学说的支持者是推进权力监督体制的代表性人物。《商君书·禁使》中记载了商鞅的观点，"人主之所以禁使者，赏罚也。赏随功，罚随罪。故论功察罪，不可不审也。夫赏高罚下，而上无必知其道也，与无道同也。凡知道者，势、数也。故先王不恃其强，而恃其势；不恃其信，而恃其数。今夫飞蓬遇飘风而行千里，乘风之势也；探渊者知千仞之深，县绳之数也。故托其势者，虽远必至；守其数者，虽深必得。今夫幽夜，山陵之大，而离娄不见；清朝日撽，则上别飞鸟，下察秋豪。故目之见也，托日之势也。得势之至，不参官而洁，陈数而物当。今恃多官众吏，官立丞、监。夫置丞立监者，且以禁人之为利也；而丞、监亦欲为利，则何以相禁？故恃丞、监而治者，仅存之治也。通数者不然也。别其势，难其道，故曰：其势难匿者，虽跖不为非焉。故先王贵势"。其中就体现了依法限制权力的思维，而韩非、申不害等人亦有此类观点。总体来说，"到了春秋战国时期……一是御史的纠察性监督职能开始突出……二是监督官员队伍的一体化得到加强……但与秦汉时期相比，春秋战国时期的监督体制又显现出较多的落后之处。一是权力监督官员体系内部组织关系的等级性尚不成熟……二是君主亲自行使监督权的现象还十分常见……"②

秦汉时期，监察制度基本形成，最典型的就是御史制度的确立。秦和西汉时期在中央设置监察机构"御史府"，东汉时期改为"御史

---

① 张晋藩主编：《中国古代监察法制史》（修订版），江苏人民出版社2017年版，第35页。

② 张晋藩主编：《中国古代监察法制史》（修订版），江苏人民出版社2017年版，第59—60页。

台"。最高长官为御史大夫,汉成帝时又改为御史中丞。丞相、御史大夫、太尉并称"三公",御史大夫的地位仅次于丞相,负责监察百官。在中央,还有一类官员专门负责建议监督,名为"谏官"。秦朝就有"谏议大夫"一职,两汉时期的中大夫、太中大夫、谏大夫都属于谏官,负责建议监察,但这并未形成系统性的谏官系统,其仍属于兼任性的角色。在地方上,秦朝在各郡设置监郡御史,而汉武帝时期则在地方上设置十三州刺史,负责对地方的监察事务。除此之外,司隶校尉也具有一定的监察权,行政系统内部都有承担监察职责的官员。总体上看,"秦汉时期已经建立了多元而又系统化的监察体制。就主体设置而言,既有专门的监察机关,也有兼职的监察官员;就机构而言,既有设在中央的专门监督中央公卿百官的监察官员,也有设在郡甚至郡以下的以郡县乡官吏为对象的地方监察官吏"。[1]

隋唐时期,监察制度的发展到了一个相对比较成熟的高峰。中央的监察机关主要为"御史台",御史台官员的监察也被称为"台院监察"。御史台又分为三院:台院、殿院、察院。台院负责日常的百官纠察;殿院则负责皇家活动仪礼、秩序,监督供奉府库等;察院内设置监察御史,负责巡视地方。唐朝创设"谏院"作为谏官的管理机构,通常谏官有左右散骑常侍、左右谏议大夫等,唐代极为重视大臣的谏言,使谏官制度得到较大发展,留下了魏徵等直言进谏的历史佳话。此外,唐代监察立法的发展到了一个较为先进的程度,"唐朝为监察立法专门制定了《监察六法》,其他更多的有关监察方面的法律,散见于《唐律疏议》《唐六典》和令、格、式等法律形式中。……唐朝监察法所涵盖的方面相当广泛,无论是立法监察、行政监察、人事监察、经济监察,还是司法监察,都有法可依,有章可循"。[2] 唐代监察制度的发展在封建时代达到了一个相对完备的高峰期,从立法到具体的制度

---

[1] 张晋藩主编:《中国古代监察法制史》(修订版),江苏人民出版社2017年版,第95页。
[2] 张晋藩主编:《中国古代监察法制史》(修订版),江苏人民出版社2017年版,第203页。

建设都对后世产生了深远影响。

（二）宋代监察制度的基本设计

宋代在继承以往监察制度的基础上，进行了一定的制度创新。总体呈现出以下三个方面。

1. 中央监察机构实现"台谏合一"变化。北宋前期，依然以御史台为最高监察机关，御史台下设三院，即台院、殿院和察院，御史中丞是御史台的最高长官。在宋朝早期，御史台是一个没有编制、没有专职的机构。到宋真宗时，御史台在制度上有了定员。北宋中后期，宋神宗"元丰改制"使中央监察机构发生了较大变化，御史台没有废除御史大夫，但以御史中丞为台长，侍御史为副台长。[①] 御史中丞与侍御史各设一人；台院设侍御史一人；殿院设殿中侍御史二人，主要管理言事，分纠大朝会及朔望文参官班序；察院设监察御史六人，掌分察六曹及百司之事，纠其谬误，大事则奏劾，小事则举达。自"元丰改制"以来，侍御史的地位提升，已经不再是御史台的属官，其所在的台院随之名存职废，台院、殿院、察院有了整合的趋势。

北宋前期，承袭唐制，谏官隶属于中书、门下两省。"宋真宗天禧元年（1017）二月，正式设置谏院。宋神宗元丰改制后，谏院被废去，中书省和门下省各增设后省，以右散骑常侍、右谏议大夫、右司谏、右正言隶中书后省，以左散骑常侍、左谏议大夫、左司谏、左正言隶门下后省，此为宋朝的谏官系统，是宋朝于御史台之外的第二监察机构。"[②] 谏院的最高长官为谏议大夫。谏议的对象也逐步扩大，从最初的皇帝逐步扩大到文武百官，成为一种全面性的谏议机构。

简单而言，御史台负责的是弹劾纠察，谏院负责的是建议责问。

[①] 参见（清）徐松《宋会要辑稿》，刘琳、刁忠民、舒大刚、尹波等校点，上海古籍出版社2014年版，第2449—3468页。

[②] 何勇强：《宋朝监察制度的特点》，《中国党政干部论坛》2017年第2期。

随着时间的推移,御史台与谏院之间的职责开始出现交叉与融合。御史台官员开始具备谏议职责,谏官也开始拥有弹劾职权,在职能上,两个机构开始出现趋同化,与此同时,两机关之间的官员也相互兼职,形成了"台谏合一"。

除此之外,在中央,还存在封驳机构、史官、行政机关内部的监察部门等从事一定的监察职责,在此不再赘述。

2. 地方监察机构实现"纵横交错"设置。宋代实行"强干弱枝"的治理政策,因而地方行政区划不断细分,行政管理机构越来越多,相应的监察机构也不断增加,"宋朝的路是地方最高行政区划。各路先后设置转运司、提点刑狱司、提举常平司等中央派出机构,分别负责某方面的政务,并具有监察地方官的职责,统称为'监司'"。① 转运司的最高长官为转运使。转运使最初设置是为满足军事需要,主要是控制地方财政与粮运,后随着节度使制度的废除,转运使逐步确立,并增加了监察州县的职责。提点刑狱司则是典型的司法官吏,是将转运司的司法审判职能分离出来而成立的,主要负责办理案件,但由于在办案过程中能够发现官吏的违法行为,因而也赋予其纠察职权。提举常平司负责"掌常平、义仓、免役、市易、坊场、河渡、水利之法,视岁之丰歉而为之敛散,以惠农民。凡役钱,产有厚薄则输有多寡;及给吏禄,视其执役重轻难易而分等级。商人有滞销货物,则官家收买再卖给人民,以平物价。皆总其政令,仍专举刺官吏之事。其官称提举",② 在这些职责之外,也被赋予了监察职责。此外,在州一级上设置的通判也具有监察职责。通判别称监州、倅贰、府判、半刺等,在北宋时期,通判和知州一样,都是州的最高长官,负责军政、民政、钱粮、户政、赋役、狱讼等方面的工作。各州文书,必须由知州和通

---

① 张晋藩主编:《中国古代监察法制史》(修订版),江苏人民出版社2017年版,第241页。

② 《宋史》职官七·提举常平司。

判联名签字，才有效力。通判还有监察、举荐的权力，知州若有不轨之事，则可直接察举。

宋代在地方上编制了一个纵横交错的监督网络，监察权力实现了分化，在地方上的行政长官之间普遍具有监察职责，不仅对下级官员进行监督，同级官员之间也相互监督,[①] 由此在官员之间实现相互监督、相互牵制的目的。

3. 监察立法呈现出"细密繁复"的特点。宋代监察立法的发展达到较为丰富的程度，"宋代统治者不但十分注意对监察制度的改革与完善，还十分重视对监察法律的制订，并通过吸取和借鉴前人的监察立法经验，对其进行了大量的立法，宋朝的律典和敕、令、格、式等法律形式，组成了一套比较完备的法律制度"。[②]

(三) 宋代监察制度的优点及存在的问题

1. 宋代监察制度的优点。其一，纠正行政失误。宋代监察制度提升了监察谏议的广度和深度，这对于皇帝以及文武百官的决策具有正面的积极效果。一方面，合理的建议能够及时纠正不当的行政决策与行为；另一方面，正因为有监察制度的存在，官员行使权力时不免心存畏惧，这也提升了决策的审慎性。如宋端拱二年（989），寇准在朝堂上上奏，勇敢地提出了忠告。宋太宗因忠言逆耳，不肯听从，愤然离席，转身要返回皇宫。寇准拉了拉宋太宗的袖子，让他坐下，请让他继续说下去。后来，宋太宗对寇准很是欣赏，认为得了寇准就像唐太宗得了魏徵一样。

其二，清除腐败官员。弹劾纠察的存在，使大量的不合格、有劣迹的官员下台，清除了队伍中的害群之马，比较有代表性如包拯弹劾

---

① 高进、应弘毅：《监察之监察：宋代的监司互察》，《廉政文化研究》2019年第6期。
② 张晋藩主编：《中国古代监察法制史》（修订版），江苏人民出版社2017年版，第274页。

王逵一事。王逵在担任转运司的时候，经常以各种理由，从民间榨取钱财。对挑起民变的人严刑拷打，死在他手里的人不计其数，引起了很大的公愤。而王逵因为与陈执中和贾昌朝的交情，加上宋仁宗的赏识，所以才敢如此肆意妄为。包拯一连上了七次奏章，最后一次奏章中，他警告仁宗说："陛下不顾百姓疾苦，任由残暴之人为所欲为，王逵一人当是幸事，否则又当如何呢？"这番话说得慷慨激昂，在朝堂上引起了轩然大波。最后，臭名昭著的王逵被罢官免职。类似这样的案件还是比较多的，也证明了监察制度的确起到了清除害群之马的效果。

其三，维护司法公正。"宋朝的一些重大的疑难案件往往由皇帝交由御史台负责审理。御史台对司法审判方面的监察，主要是在发现司法机构作出的判决与案情不实时，可以将案情重新审理。"① 通过监察制度在必要的时候可以复查案件，有助于实现公平正义。

2. 宋代监察制度的问题。其一，相互掣肘，降低行政效率。宋代监察制度的缺点之一是弹劾的可靠性问题。宋朝允许"风闻弹人"，产生了一种"听得风就是雨"的弹劾陋习。尽管在宋仁宗时代禁止风闻言事，但总体而言，弹劾权行使过程中的审慎性存在不足，滥用弹劾权力的问题难以杜绝，而其危害就在于，很多弹劾缺乏全面性、客观性、合理性，导致被弹劾人员在工作中畏首畏尾，即所谓的"人言可畏"。在地方上还推行监司互察，相互之间极为掣肘，导致行政效率降低。

其二，党争工具，恶化政治生态。台谏制度在发展过程中逐步成为党争的舞台和工具，各派人马都试图抢夺弹劾权力，以此作为攻击政治对手的工具，最典型的就是王安石变法时所形成的新旧两党的党争。熙宁二年（1069）二月，王安石被任命为参赞，准备改革的具体事宜，但不久之后，御史中丞吕诲率先发难，将王安石十条罪名一一

---

① 张晋藩主编：《中国古代监察法制史》（修订版），江苏人民出版社2017年版，第255页。

罗列，尽管最终未能撼动王安石在宋神宗心中的地位，但是这一次的弹劾却让王安石和台谏官员的关系更加紧张。随后，王安石推出了一系列的改革措施，政策一经出台，立刻引起了一片反对声，使得改革举步维艰。于是，王安石也试图掌握弹劾权力，他挑选了一批忠于他的官员担任御史，但新任的御史中丞杨绘与监察御史刘挚等人反戈一击，站在对立面，反对声浪越来越大，宋神宗也开始动摇，最后台谏官占据上风，导致了这场改革的失败。在宋朝历史上，这类台谏官员参与党争事件比比皆是，严重影响了政治生态，破坏了宋王朝的统治基础。

其三，监察效果，依赖皇帝喜好。尽管建立了严密的监察体系，但监察制度是否能起到作用完全取决于皇帝个人，这导致监察效果存在不确定性，甚至完全不起作用。如大观元年（1107），陈禾升为左正言，不久就被任命为给事中。那时童贯势力日盛，与黄经臣把控朝廷，御史卢航与他们勾结，作恶多端，令朝野上下都心生忌惮，不敢与之对峙。陈禾上书弹劾，试图遏制奸佞之徒。然而，宋徽宗最终还是将陈禾贬到了江西上饶的信州。在这一事件中，由于皇帝个人庇护贪官，监察官员的秉公直言反而招致打击。

三　我国监察体制改革走向深入

中华人民共和国成立后，党和国家对党内监督体系的建设给予了极大的关注，并在过去的数十年里，逐步建立起具有中国特色的党内权力监督体系。党的十八大报告提出："建立健全权力运行制约和监督体系"；"加强党内监督、民主监督、法律监督、舆论监督，让人民监督权力，让权力在阳光下运行"。这是我党第一次明确提出要把"四个监督"当作一个完整的监督体系。党内监督、民主监督、法律监督、舆论监督，各有其独特的功能与特点。在整个监督系统中，以党内监督为中心，以民主监督为一种自下而上、非权力化的监督，以法律监督为一种专业化、程序化的监督，以舆论监督为一种不可缺少的组成部分。党的十九届四中全会就国家制度和国家治理这一重要课题进行了研究，并就坚持和完善党和国家的监督体系，加强对权力行使的制约和监督做出了具体的安排，为新时代的纪检监察工作，提供了一个更加明确的方向。党的二十大报告则提出，健全党统一领导、全面覆盖、权威高效的监督体系。这是对新时代全面从严治党成功实践的深刻总结，是对执政党建设规律和国家治理规律的深刻把握，对于党在长期执政条件下推进自我革命、实现中华民族伟大复兴历史使命具有重要意义。

值得关注的是，2016年11月，中共中央办公厅印发了《关于在北京市、山西省、浙江省开展国家监察体制改革试点方案》，部署在北京、山西、浙江三省市率先开展设立各级监察委员会的试点工作，从体制机制、制度建设上先行先试、探索实践，为在全国推开积累经验。2017年11月5日，全国人大常委会通过的《关于在全国各地推开国家监察体制改革试点工作的决定》正式在全国推开了这一轮监察体制改革。监察委员会改革中的重要举措就是整合现有反腐资源，将原属于检察机关的反贪污贿赂局、反渎职侵权局以及职务犯罪预防部门整合进入监察委员会，国家监察委员会同中央纪律检查委员会合署办公，履行纪检、监察两项职责，实行一套工作机构、两个机关名称。这一举措实现了党的监督与法律监督的过渡融合，标志着我国的权力监督体系进一步优化升级。

对于青少年而言，要深刻理解权力监督体系对于党和国家的意义，首要的就是正确认识"权力"。近年来，一些年轻人开始热衷于研究所谓的关系学，喜欢打"官腔"，把出人头地与光宗耀祖相提并论，这反映了一些年轻人的"官本位"观念和错误的权力观。在我们的一些校园内，功利化追逐学生干部等问题亦时有发生，这些问题都警示，青少年要树立正确的权力观念。对此应明确：其一，权力行使目的应是以"人民"为中心的，社会主义本质要求行使权力不能为少数人谋取私利，而是以人民群众利益为核心，因而要坚持人民的主体地位，注重在权力行使过程中为人民谋福祉，坚决杜绝为谋私利而谋权力的思想。

其二，权力行使需要明确权责一致的观念。权力所对应的是责任，而不是特权与享受。权力的拥有者在行使过程中要承担一定的责任，也要承担一定的风险，要对自己的所作所为负责，对民众的利益承担责任。为此，要强化对权力的监督与责任制度，使权力的每一个环节都能得到有效的监督与约束，从而使权力的运作更为规范与公平。绝不可认为权力在手便可随心所欲，尤其要明白一个失误决策对他人带来的不利影响。

其三，树立正确的权力观念要求遵纪守法。要坚持依法治国，增强人们的法律意识和法治观念，使人人都了解自己的权利与义务，使法律成为权力运行的依据与保证。法律是权力的制约与保障，权力必须依法行使，权力行使的过程应严格按照法定程序进行，不得滥用权力。

其四，权力行使应秉持公平正义的理念。孔子在《论语·季氏》第十六篇中指出："闻有国有家者，不患寡而患不均，不患贫而患不安。盖均无贫，和无寡，安无倾。"时至今日，我们依然追求朴素的公平正义，权力行使好与坏的重要标准就是实体与程序上是否实现了公平正义，权力行使既要注重结果上的公正，也要注重程序上的公正。

其五，权力行使应树立廉洁意识。"公生明，廉生威"，要想权力行使不出差错就要树立自我监督意识，时刻绷紧廉洁自律这根弦，保持自己的清廉，要谨慎、公正地使用自己的权力，坚持党风廉政建设，管好小事，防止在小事上丢掉底线。

第十六章　从林冲看宋代刺配制度

林冲，绰号"豹子头"，又唤作"小张飞"，在梁山身居天罡星第六位，星名"天雄星"。他是梁山泊最重要的头领之一，排在他之前的只有宋江、卢俊义、吴用、公孙胜、关胜五人而已。其出场可谓十分帅气，"头戴一顶青纱抓角儿头巾，脑后两个白玉圈连珠鬓环。身穿一领单绿罗团花战袍，腰系一条双搭尾龟背银带。穿一对磕瓜头朝样皂靴，手中执一把折叠纸西川扇子。那官人生的豹头环眼，燕颔虎须，八尺长短身材，三十四五年纪"。①

一　林冲刺配的前因后果

（一）家庭事业美满的开局

林冲在《水浒传》中是被逼良为反的典型。在被逼上梁山之前，他曾经有一个温暖的小康家庭，从事着自己喜欢的禁军教头职业。北宋一代，军人的数量一直处于不断增长的过程中。宋代军事力量的设置大致可以分为三个层级，最精锐、最受重视的自然是守卫皇帝所在都城的军队，这部分军队就是通常所说的禁军，也可以称为"中央军"，禁军是北宋国家的正规军。禁军之外，还有"地方军"，在各个州，负责当地重点城市守卫任务的部队叫"厢军"。除此之外，具体到基层，则招募

---

① （明）施耐庵、罗贯中：《水浒传》，人民文学出版社1997年版，第101—102页。

团练负责地方守卫,一般叫"乡兵"。《水浒传》中,林冲在禁军担任的是禁军教头一职,泼皮们唤他作"八十万禁军枪棒教头"。禁军教头是北宋禁军中的一个官职名,而且从名称上看,可谓"威风凛凛"。但教头一职并非一个显赫的职位,其主要是宋神宗年间为了训练士兵,选拔一部分武艺高超的人担任训练的教官,大概每十个人设置一名教头,每一百个人设置一个都教头。[1] 换言之,"禁军教头"大致相当于十夫长的角色,所谓的"八十万禁军教头"更多的是一种夸大其词的说法,但至少说明,林冲本身的军事素质还是较强的。

身为禁军教头的林冲,有一位温文贤淑的妻子,虽然不是大富大贵之家,但也不愁衣食;虽然有着令他畏惧不得不奉承的上司,但是也有尊敬他的同僚、下属和乡邻;虽然结交了像陆虞侯、陆谦这样靠出卖、阴谋过活的败类朋友,但是也有像鲁智深那样肝胆侠肠的义士愿意为他出生入死。本来可以安身于现状的林冲却因为高衙内的"一厢情愿"而遭到连环的暗算。

(二) 得罪小人而落入圈套终获罪

高衙内贪恋林冲妻子的美色想要强行霸占,林冲妻子不从,高衙内屡次不能得手犯了心病。这可急坏了他的养父高太尉,于是高太尉利用职权之便令人使计将林冲骗到白虎节堂,治了林冲的罪。高太尉本欲置林冲于死地,并且他确实掌握了充分的证据。高太尉指控道:"林冲,你又无呼唤,安敢辄入白虎节堂!你知法度否?你手里拿着刀,莫非来刺杀下官?有人对我说,你两三日前拿刀在府前伺候,必有歹心。"[2] 高太尉指控林冲的理由有两个:无故擅入白虎节堂;带刀欲刺杀上司。

林冲之所以获罪,和带刀误入"白虎节堂"有很大的关系。在宋

---

[1] 龚延明编著:《宋代官制辞典》,中华书局1997年版,第510页。
[2] (明) 施耐庵、罗贯中:《水浒传》,人民文学出版社1997年版,第110页。

代,擅闯"白虎节堂"是一项重罪。这个神秘的"白虎节堂"是什么呢?我们有必要先来说一说"白虎"。在中国古代,盛行阴阳五行的物质观,认为大自然由金、木、水、火、土五种要素所构成,随着五要素的盛衰,大自然也会产生相应的变化。这不但会影响人的命运,同时也是宇宙万物循环不已的原因。五行同时又对应着东西南北中这五个方向,每种方向上再搭配相应的颜色和神兽成为青龙、白虎、朱雀、玄武,这就是道教中经常提及的"青龙白虎朱雀玄武"。在这四种神兽中,虎为百兽之长,威猛有力,具有降服鬼怪的能力,于是,"白虎"就代表了战神、杀伐之神。在中国古代传统观念里,左代表东方,为阳,是生机勃勃的象征;右代表西方,为阴,表威武肃杀之气。因此,节堂都设在帅府右侧,故称为"白虎节堂"。白虎节堂系军事重地,相当于现代的军备司令部,任何人未经允许,不得携带武器进入。所以,林冲在没有被通知的情况下带刀进入白虎节堂不仅是军纪不容,而且也是法律严禁的。

高太尉诬陷林冲的理由是"欲杀本官",这是高俅想要置林冲于死地的毒计。北宋一代,"太尉"是加官、阶官名。政和二年(1112)九月二十五日,新定三公官,以少师易太尉,为三少之一,而太尉则列为武阶之首。政和二年十月三日,太尉官品由正一品降为正二品,在执政官之下,节度使之上。[①] 高太尉的官品也就成为他诬陷林冲的重要依据。

根据《宋刑统》的规定,像林冲这样下属杀害上司的行为属于"十恶"中的"不义",是不可赦免的重罪。在古人的观念中,"义"被认为是天经地义的道德约束力,"君臣有义"是五伦之第二,由是推而广之,谋杀本属长官,即入"不义"之条。林冲作为高太尉的属下,带刀欲"行刺"高太尉,就被抓住了"杀本属府主"的把柄。"十恶"之罪不入"八议",不适用请减、官当,可见高俅的歹毒之心。

---

① 参见龚延明编著《宋代官制辞典》,中华书局1997年版,第593页。

第十六章 从林冲看宋代刺配制度

（三）戴枷入囚险丧命

高太尉虽然想要将林冲置于死地，但是按照北宋司法制度的规定，他还没有判决林冲死刑的权力。于是，一干人等把犯罪嫌疑人林冲扭送到了府尹大人的公堂上。府尹对林冲进行了简单的讯问之后，就派人取刑具枷了林冲推入牢里监下。

我们读《水浒传》的时候，一定会注意到作者对刑具的描述。比如，发配林冲这一回中是给林冲制作了一个七斤半团头铁叶护身枷，然后林冲戴着这副枷锁赶去发配地点。武松斗杀西门庆后，东平府尹看到武松戴着长枷，便给他换了一副轻罪戴的枷，而到后来武松发配孟州牢城的时候，则是戴了一副与林冲一样的七斤半铁叶团头护身枷。宋江被发配江州途中，也是戴枷行走，只是押送之人敬佩其为人，故在夜晚睡觉时去掉他的枷。水浒中有很多关于人物在犯罪之后押入牢房或押送至发配地的时候佩戴的刑具的描述。

关于对犯人采取强制措施所使用的枷具，《宋刑统》卷第二十九《断狱律》对枷具的式样、重量，何时应戴、何时不应戴，以及不按规定使用枷具所应承担的法律后果都作出了详细的规定。[①] 换言之，在宋代社会，戴枷是刑罚执行最为常见的一个方式，这也就可以解释，为什么施耐庵先生把每一次的监禁、发配所戴刑具都能写得如此详细清楚。

（四）刺配沧州

林冲被投放到监狱里的这段时间，府尹大人需要对案件最终的处理作出决定，他必须尽快决定如何了结此案。正逢有个孔目叫孙定的，不知是收了林冲家人钱财还是钦佩林冲的为人，到开封府上与林冲说情。经过孙定的一番理论，府尹最终没有判决林冲死刑，而是断二十

[①] 参见（宋）窦仪等撰《宋刑统》，吴翊如点校，中华书局1984年版，第465、466页。

脊杖，在脸上刺字，然后发配到沧州坐牢，这种刑罚就是流行于北宋的"刺配"刑。

《水浒传》天罡星中的人物有数位都曾经被判决过刺配刑，除林冲之外，杨志因杀死牛二被断二十脊杖，刺两行金印，迭配北京大名府（今河北省大名县）留守司充军；武松斗杀西门庆被脊杖四十，脸上刺两行金印，迭配孟州（今河南省孟州市）牢城，后被冤枉为贼盗又被脊杖二十，刺金印，发配到恩州（今河北省清河县）牢城；宋江杀死阎婆惜被脊杖二十，刺配江州（今江西省九江市）；朱仝因私放雷横被脊杖二十，刺配沧州（今河北省沧州市）；卢俊义因私通贼寇被脊杖四十，刺配沙门岛（今山东省烟台市长岛县）。通过直观的分析我们可以看出，刺配这种刑罚一般分为三个部分：杖刑（脊杖）、刺、流配。根据犯罪情况的不同，脊杖数不同，刺"金印"的部位不同，流配充军之地的远近、环境恶劣程度也不同。那么，刺配这种刑罚是如何形成、具体如何适用、与当时北宋的社会环境又有什么样的联系呢？

二　刺配制度的渊源及其变迁

宋朝的刺配制度有着悠久的历史，它是对古代黥刑的继承，并将杖刑和流刑两种刑罚进行结合，是在宋朝特殊的历史条件和社会背景下，产生的一种新的刑罚方式。按照《辞海》的说法，"刺配"是中国古代的一种惩罚方式，在人的脸上纹一道伤痕，然后将人发配或者流放到边关，最严重的可判无期徒刑。"刺"，就是在面部刻上文字、图案，这种刑罚起源于奴隶五刑之一的"墨刑"，到了秦汉，又被称为"黥刑"。"配"由"迁""徙边"和"流"演化而来。"流刑"是在死刑犯被判以流刑的基础上，再加上鞭刑和烙印的刑罚。宋代的刺配之刑，总体是延续前朝的做法但又有所创新，如《水浒传》中描写的那样，先用杖打，再刺面，最后发配到边地服刑，实际上是一种复合性的惩罚。

（一）黥刑与流刑：刺配的起源与形成

汉文帝时期进行刑制改革，到汉文帝十三年（前167），皇帝下令废除肉刑，根据《汉书·刑法志》的记载："诸当髡者完为城旦舂，当黥者髡钳为城旦舂。罪人狱已决，完为城旦舂，满三岁为鬼薪、白粲，鬼薪、白粲一岁为隶臣妾，隶臣妾一岁免为庶人。"这是刑罚发展的一个变化，即把"黥刑"改成"城旦舂"，"黥刑"在以后的历史过程中就不再作为法律术语使用了，但在面部刺字的惩罚并未消失，只是换成了其他的名称。比如，根据《旧唐书·列传第一·后妃上》记载，武则天当政时期，上官婉儿因忤逆旨意罪当处死，但武则天爱惜她的才能不忍杀之，最终"但黥其面而已"。

到五代后晋天福年间，统治者在惩罚罪犯时，将"黥刑"与流役相结合，并制定了"刺配之法"，旨在"惩恶扬善"。此后，军士们脸上的刺青已经成为一种常态，但那些没有犯罪的军士们，只会被刺青，而不会被流放。比如，后梁太祖朱温为了防止将士逃跑，要求所有将士都要在脸上文身，以记住他们的名字。①

从五代时期，流放刑罚开始脱离单一化运用的色彩，而与决杖、刺面结合，即在流放之前辅之以其他刑罚，当然他们相互之间也存在着不同的组合，如根据记载，"流配，旧制止于远徙，不刺，而晋天福中始创刺面之法，遂为戢奸重典。宋因其法"②。从不同记载来看，有杖脊之后流放的，有刺面之后再流放的，这些变化都发生在五代时期，并且逐渐成为一种常见的刑罚，适用范围更是逐步广泛，而这些都被宋朝的前身后周所继承。到赵匡胤黄袍加身建立宋朝，则继承了后周的一整套制度，流配、刺面等刑罚也被保留下来。但问题在于，宋代的社会矛盾较为激烈，宋代刑罚制度又不是很完善，尤其缺乏介于死

---

① （宋）马端临撰：《文献通考》，吉林出版集团有限责任公司2005年版，第1325页。
② （宋）马端临撰：《文献通考》，吉林出版集团有限责任公司2005年版，第1459页。

刑与轻刑之间的一等刑罚,于是,刺配制度逐渐起到该效果。刺配被广泛运用,成为刑罚执行的一个重要标志。

(二) 宋代刺配制度形成的原因

刺配制度之所以可以在北宋得以形成,原因是多方面的。

其一,以刺配之人填补军力缺口。宋代始终未能实现国家的统一,整个国家面临着辽、西夏等北方政权的威胁,因而在国防一线需要大量的兵源。但宋代自立国之后推行重文轻武的治国策略,在社会上营造了一种对参军入伍偏负面的社会情绪,这极大地伤害了适龄青年参军的欲望。此外,宋代重商主义的经济发展策略在提升社会财富、丰富市井生活的同时,也产生了一个困扰封建王朝的难题,那就是,发展商业经济固然提升财富价值,但这会吸走农业人口,而农业人口则直接关系到兵役、徭役等的人数,两者之间存在着张力。当原来的征兵体制无法完全满足部队的需要,导致部队兵员严重不足,于是,征募流民、征发犯人等就成了宋朝最普遍的兵员补充办法。所以,在宋朝,犯人一般都会被送到军队里,继而被送到偏远的地区当兵。流放制度的出现,让一些囚犯可以被送到监狱,也可以被送到军中,以此来弥补士兵的不足。另外,宋朝战事连绵,由于战事需要的兵员较多,因此,在一定时期内,还能作为一种镇守地方、充当守备的角色。一些学者在研究宋朝的配军制度时也认为,将罪犯发配到军队中,并不只是为了对罪犯进行处罚,同时也是为了给宋朝统治者一批可以直接控制其服劳役、服兵役及随时听候国家调遣的人力资源。[1]

其二,补足劳动力缺口,降低经济成本。经济发展往往会带来人力成本的上升,但人口总量决定了劳动力上限,因而,古代专制政权总会寻求一定方式为自己的奢靡生活或大型建设筹集人力资源,以此增加廉价劳动力,同时降低政府支出。但问题在于,宋代普通犯罪的

---

[1] 淮建利:《宋朝的配隶法与厢军中的配军》,《史学月刊》2007年第11期。

劳役刑时间有限，属于3—5年的短期劳役刑，但培训一名合格的劳动力需要一定的周期，尤其是一部分技术性劳动，劳动力培训的时间更长，短期劳役刑往往导致一个新劳动力刚刚训练成熟就因为服役期限届满而离开，进而造成工作质量难以保证的情况，不能满足宋朝不断发展的经济所需要的劳动力。所以，刺配制度实际上能够为宋朝产生稳定、成熟的免费劳动力资源，因而从官方角度存在适用刺配制度较强的经济意愿。

其三，刺配制度也在一定程度上弥补刑罚体系不足。在宋朝前期，为了消除前代重罪的弊端，减少前代严厉的刑罚对百姓和社会造成的不良影响，朝廷推出杖刑折抵其他严重性更高的刑罚的做法，使得"流罪得免远徙，徒罪得免役年，笞杖得减决数"[1]，这样就部分地减轻了罪犯的刑罚。而且，受安土重迁观念的影响，让人远走他乡的流刑，本身就是一种严重的惩罚，因而，折杖法在某种程度上算降低了惩罚。折杖刑的确可以根据罪犯犯罪的轻重来决定对罪犯的惩罚力度，实质上降低了刑罚的严厉度，从而达到惩罚的目的，但在折杖的频繁使用下，原本为了稳定新建立的大宋朝，为了减少罪责而建立起来的减刑制度，也出现了惩罚力度不够的问题。朝廷对罪犯的惩罚，除了死刑，就是鞭打和棒打，这就造成了杖刑过轻与死刑过重之间的程度不平衡。所以，要使刑罚制度更加完善，就需要以一种新型的刑罚方法来弥补，从而使重罪罪犯受到应有的处罚。由此，司法实践中开始关注到刺配刑的意义，如根据《宋会要辑稿·刑法四·配隶》记载，宋神宗对此做出判断："后世之民迁徙不常，而流不足治也，故用加役流；又未足惩也，故有刺配；犹未足以待，故又有远近之别。"[2] 刺配的严厉程度明显低于死刑，但又比单纯的鞭打和棒打要重，形成了独一档的存在。

---

[1] （宋）马端临撰：《文献通考》，吉林出版集团有限责任公司2005年版，第1461页。
[2] （清）徐松：《宋会要辑稿》，刘琳、刁忠民、舒大刚、尹波等校点，上海古籍出版社2014年版，第8461页。

三 刺配制度的弊端

肉刑作为野蛮的刑罚方式产生于原始社会，是古代中国刑罚体系的重要组成部分，肉刑对震慑严重的暴力犯罪有一定的积极意义，但是，过度使用肉刑也会激化社会矛盾，影响社会稳定。因此，在汉代刑制改革后，以肉刑为主的旧五刑体系逐渐被封建新五刑取代。但在封建社会发展后期，肉刑又出现在了国家刑罚体系中。其中，宋代的刺配制度就是一个典型例证，肉刑的实施会给人的身体带来不可逆的损害，肉刑的恢复是法制发展的严重倒退。

其一，刺面严重侮辱人格，不利于犯罪人的社会化改造。刺配首先是刺面，在古代，一旦刺面就意味着终生留存在脸上，这对于犯罪人是一种极大的人格侮辱，处罚极为严厉，效果较为明显。但问题在于，犯罪人在某种程度上丧失了回归社会的可能性，因为脸上永远带着犯罪的印记，也很难进行遮盖，这意味着，刺配之人即便回归社会后，往往也容易被当作异类对待。

其二，导致新的量刑失衡问题。前文述及，刺配的适用范围过于宽泛，情节轻重都可能被施加刺配之刑，这本身就不符合罪刑法定的要求，导致量刑失衡的结果，尤其是在大量适用刺配刑之后，对于犯罪人而言，刺配刑成为一个可预期的结果，而且重罪被刺配，轻罪亦可被刺配，这无疑在刺激犯罪人实施更为严重的犯罪，反而刺激犯罪的严重化趋势。

其三，刑罚执行具有较强的随意性，具有司法腐败的风险。宋代的刺配刑是三刑合一，其中，除刺面没有太大操作空间外，杖脊、流放的过程具有较大的刑罚执行空间，同样是打二十棍，有的执行者能打死犯罪人，有的执行者能将其打成重伤，有的则打成轻伤以下。这就为基层胥吏提供了较大的操作空间，产生了巨量的司法腐败问题。

四　刑事司法文明：我国人权保障的积极发展

刺配刑的产生本身体现了宋代司法文明的进步，毕竟正是因为要降低刑罚的严厉性，才考虑用折杖法，只不过折杖法的运用导致了刑罚体系的失衡，故寻找刺配刑弥补这种失衡，但由于刺配刑制定的不严谨以及执行过程中的种种弊端，最终导致司法文明衰退。切萨雷·贝卡里亚在他的著作《论犯罪与刑罚》里面提出："对于犯罪最强有力的拘束力量不是刑罚的严酷性，而是刑罚的必定性。""严峻的刑罚造成了这样一种局面：罪犯所面临的恶果越大，也就越敢于逃避刑罚。""预防犯罪比惩罚犯罪更高明，这乃是一切优秀立法的主要目的。"[1] 由此我们可以看出，轻刑化有利于我国在刑罚过程中充分尊重人权，秉承人道主义原则。也可以说，刑罚轻缓化的不断推进在一定程度上承担起了我国保障人权，实现以人为本这一伟大目标的现实责任。人权保障在刑事司法中有着重要的意义，因此，刑事司法人权保障制度的构建有其独特价值。

（一）我国刑事诉讼人权保障的基本立场

1. 刑事诉讼人权主体的界定

人权保障是国家治理体系和治理能力现代化的基础和标志，依靠宪法治理也是现代国家治理的基础手段，而宪法治理的基本要求则是建立完善的人权保障制度。[2] 在当前宪法司法化尚不具备可行性的现实状况下，依靠部门法实现人权保障的目标则显得尤为重要，但人权保障的理念在不同的法律部门视角中往往存在着不同的理解，在刑事诉

---

[1] ［意］切萨雷·贝卡里亚：《论犯罪与刑罚》，黄风译，北京大学出版社2008年版，第62—64页。

[2] 参见韩大元《完善司法人权保障制度》，《法商研究》2014年第13期。

讼中对于人权保障的理解带有刑事诉讼法学学科的特征。①

刑事诉讼法学界在人权保障的理念上存在着基本的共识，那就是，"相对于刑法而言，刑事诉讼法实属'被告人权利的大宪章'，具有'小宪法'或'宪法适用法'的特征"，更确切的理解是，刑事诉讼法具有"官员权力控制法"的性质，其保障被告人权利的方式就是通过程序控制司法人员的滥用权力的行为。② 换言之，刑事诉讼所关涉的人权在主体上是多元的，但鉴于不同主体遭受侵犯的可能性和危险性的不同，刑事诉讼中人权保障的重心是保障被告人的人权。③ 有鉴于此，本章在论述未成年人刑事案件的人权保障时，也将论述的重心放在未成年犯罪嫌疑人、被告人的人权保障中。

2. 刑事诉讼人权保障的基本内容

结合刑事诉讼法学发展特点，大致可以概括出刑事诉讼人权保障应当具有普遍性、消极性、个体人权性的特性，在此基础上的刑事诉讼人权可以认为是特指"正当程序权"。④ 以《世界人权宣言》为基础，参考《公民权利和政治权利国际公约》《禁止酷刑和其他残忍、不人道或者有辱人格的待遇或处罚公约》以及《欧洲人权公约》等条文的内容，可以把正当程序权具体化为以下权利：第一，人身不受任意逮捕拘禁的权利；第二，财产不被任意搜查和扣押的权利；第三，无罪推定与不得强迫自证其罪；第四，接受中立、及时、公开审判的权利；第五，享受辩护权及获得律师帮助和法律援助权；第六，上诉权；第七，质证权以及取证权；第八，一事不再罚原则。上述八类权利基本可以涵盖刑事诉讼正当程序权的基本意旨，在后文的论述中，笔者将以此为基础，分析未成年人刑事案件程序中存在的问题并提出相应的对策。

---

① 参见杨宇冠《论刑事诉讼人权保障》，《中国刑事法杂志》2002年第4期。
② 参见陈瑞华《看得见的正义》（第二版），北京大学出版社2013年版，第241—246页。
③ 参见周长军《人权向度上的刑事诉讼》，陈兴良主编《刑事法评论》（第6卷），中国政法大学出版社2000年版，第225—226页。
④ 参见易延友《刑事诉讼人权保障的基本立场》，《政法论坛》2015年第4期。

3. 未成年人刑事案件人权保障的特殊性

我们要明确未成年人刑事案件在刑事诉讼处理过程中的独到之处，即未成年人刑事案件在人权保障上的特殊性立足于主体的特殊性，未成年人因其年龄的原因，其在青春期的心理与生理尚处于不成熟的状态，此时面临外界的各种刺激与诱惑，往往误入歧途，甚至走上犯罪的道路。[1] 因而，在世界各法治发达国家，对未成年人犯罪的研究往往强调重视个体分析，尤其是在其人权保障方面，在法律框架之内要尽可能地推行"个案化"的处置方式，如许多国家推行的"福利式的少年法庭模式"[2]，重视对每一个犯罪未成年人的个案关注，因而在中国未成年人刑事诉讼程序的设计当中也应当凸显"个案化"的制度设计原理。

此外，"个案化"的制度设计应当遵从未成年人刑事案件人权保障的最终目标——社会化或再社会化。[3] 这种少年司法最终目标的哲学基础可以追溯到20世纪七八十年代兴起的社群主义，该观念将社群作为政治社会现象分析的基础变量，把个人置于整个社群关系和谐的背景下来考察，正如查尔斯·泰勒在《原子论》一文中所推崇的亚里士多德的观点："人是一种社会动物，更确切地说，是一种政治动物，因为他独自一人时无法达到自足，并且，在一种十分重要的意义上，他不可能脱离城邦而自足。"[4] 这种社群主义的观点潜移默化地影响了西方国家的少年司法，并以此为起点，逐渐发展为今天所熟知的"恢复性司法"。[5] 因而，在制度设计过程中要贯彻这种司法哲学，力求使未成

---

[1] 参见黄立、朱永年、王水明主编《未成年人犯罪专题研究》，法律出版社2014年版，第64—68页。

[2] 参见施慧玲《少年非行防治对策之新福利法制观——以责任取向的少年发展权为中心》，《中正大学法学集刊》1998年第1期。

[3] 参见张利兆主编《未成年人犯罪形事政策研究》，中国检察出版社2006年版，第38—39页。

[4] [加]查尔斯·泰勒《原子论》，曹帅译，《政治思想史》2014年第2期。

[5] 参见周长军、王胜科主编《恢复性正义的实现——恢复性司法的理论维度与本土实践》，山东人民出版社2010年版，第1—7页。

年犯罪嫌疑人、被告人能够不脱离社群并融入原有社群。

(二) 未成年人犯罪与人权保障的"互动性刺激"

在以往修改《刑事诉讼法》时会有观点认为,对犯罪嫌疑人、被告人的人权保障会妨碍执法机关打击犯罪的能力。[①] 在犯罪率急剧提升的今天,人权保障对犯罪率的控制明显有不利影响,两者之间存在着正相关关系。[②] 笔者认为,在刑事诉讼程序人权保障机制下,未成年人犯罪与其人权保障之间的确存在着一种相互作用力,但未成年人犯罪的严峻现状有其复杂的原因,其与人权保障之间的相互作用力使双方形成了一种此消彼长的负相关关系。对于这种相互作用力,笔者将其总结为"互动性刺激",在理解人权保障对犯罪未成年人的意义时,首先要做到的就是厘清这种"互动性刺激",理顺其中的负相关关系。

1. 未成年人犯罪现状对人权保障的挑战

未成年人犯罪问题目前作为世界第三大公害,是困扰世界各国的一个社会性难题,对我国而言,这一问题同样突出。在 2016 年 6 月 1 日前夕,最高人民检察院新闻发言人王松苗透露出的数据显示,自 2003 年到 2015 年这 12 年间,全国检察系统批捕未成年犯罪嫌疑人 92 万余人,不批准逮捕 16 万余人,起诉 108 万人,不起诉 5 万余人。而根据国务院新闻办公室在 2016 年 9 月 12 日发布的《中国司法领域人权保障的新进展》白皮书中披露的数据来看,2015 年,全国未成年人犯罪案件占全部犯罪案件数的 3.56%。根据白皮书,我国未成年人犯罪占全部犯罪案件的比例在持续下滑,总体呈现向好趋势。但笔者认为,单凭这样一个"案件占比"得出我国未成年人犯罪总体形势趋好的结论,不免有些草率。这是因为,该比率并不是未成年人犯罪率,

---

[①] 参见柯良栋《谈谈修改刑事诉讼法必须高度重视的几个问题》,《法学家》2007 年第 4 期。

[②] 参见陈永生《刑事诉讼法再修改与犯罪率》,《河南省政法管理干部学院学报》2010 年第 4 期。

即便是犯罪率，在我国如此庞大的人口基数下，犯罪率的略微升降也改变不了犯罪绝对数依旧庞大的事实，而且考虑到总犯罪案件基数、我国犯罪案件统计口径以及青少年人口比例在总人口比例中下降等因素，可以有理由相信，未成年人违法犯罪案件的数量依旧庞大，未成年人犯罪的形势依旧严峻。

未成年人犯罪案件的数量居高不下，也对各级办案机关关于犯罪未成年人的人权保障带来诸多挑战。实现对未成年人刑事案件"个案化"处置方式的前提条件是投入较大规模的司法资源，而且司法资源的投入规模要与未成年人刑事案件的数量基本匹配，但实践的经验表明，司法资源是有限的，不可能无节制地投入，如果案件数量超出合理范围，则会在司法资源与案件需求之间出现一种紧张局面，那所谓的个案处置就难以真正落实，在处理未成年人刑事案件时将呈现出"类型化""批量式"的特点，以此来平衡司法资源与案件需求之间的紧张关系，这就导致人权保障的效果大打折扣，甚至将人权保障异化为简单的走人权保障程序。

2. 人权保障不力对未成年人犯罪的推动

前文论述了未成年人犯罪的现实状况对人权保障带来的挑战，但从另一个侧面来看，未成年犯罪嫌疑人、被告人的人权保障不力往往也是推动未成年人犯罪的重要因素。人权司法保障的不力所导致的后果实际上会对社会传递出"改造无效论"[①]的信号，这就促使社群和其他人对所谓的"问题少年"形成一种提前防范意识，将问题少年推向整个社群的对立面，成为现有社群关系中的"异类"，如"坏孩子"，而这种社群否定实际上将问题少年向犯罪更推进了一步，其危害不亚于前文提过的"标签效应"与"社会排斥"现象。可以简单地认为，很多未成年人犯罪的初始动因就是来自社群的否定，即少年犯罪

---

① 参见刘强、王贵芳《美国新"改造无效论"对我们的启示——评〈重思罪犯改造〉一书》，《青少年犯罪问题》2008年第5期。

学中的"互动理论学说"——"少年会犯罪是因为他认为别人说他是坏小孩,贴上坏标签而引起的不良行为;或被学校认为是放牛班或后段班的学生较容易犯罪(组织性标签)"。① 而从社会治理的角度来看,要想介入、阻断这种社群否定可谓难上加难,更为有效的方式是进行源头控制,而这个"源头",笔者认为就是人权保障。通过良好的人权保障实现对未成年犯罪人的改造目标,从而抵消掉"改造无效论"的负面影响,让社群关系不必过于紧张,对于具有不良行为的未成年人也不要轻易地进行排斥,由此减少未成年人犯罪的概率。换言之,人权保障不力不仅推高了再犯率,更严重的后果是对未成年人初犯率的推动。

(三) 司改背景下加强涉罪未成年人人权保障的机遇

通过上述的分析,可以清晰地发现,在未成年人犯罪以及在其人权保障之间存在着一种"互动性刺激",未成年人犯罪案件的高发给人权司法保障带来了严峻的挑战,而人权司法保障的不力也会推动未成年人犯罪的多发,两者之间形成一种相互作用力,这似乎已经形成了一种恶性循环。就刑事诉讼程序的整个运作机制而言,症结主要是在人权保障措施的落实上,但在过往由于高度强调打击与控制犯罪以及承受被害人信访的压力等因素,人权保障推行起来尤为艰巨,面对这种局面,如何破局则成为萦绕在每一个法律人头上亟待破解的"哥德巴赫猜想"。

反观本轮司法改革,基于顶层设计的整体推进思路,以国家"全方位一体化"的法治观为导向②,首次明确提出"人权司法保障"的改革目标,突破了将生存权和发展权视为首要人权的传统理解,扩展

---

① 陈国恩、甘炎民:《警察在少年犯罪防治工作的角色与态度——以嘉义市为例》,《犯罪学期刊》2005年第1期。

② 参见齐延平《法治中国建设与人权保障》,《人民日报》2014年5月27日第12版。

第十六章 从林冲看宋代刺配制度

了人权保障的内涵,故有人称为"这是中国对人权保护的制度强化"①。换言之,本次司法改革对于刑事诉讼程序机制的调整是一个绝佳的契机,刑事诉讼法保障人权的基本价值追求与司法改革推进人权司法保障的目标相契合,这对于未成年犯罪嫌疑人、被告人人权保障的意义不言而明。

与此同时,笔者认为,借助本轮司法改革实现"互动性刺激"破局的着力点不是打击、控制未成年人犯罪,而是在人权保障环节。通过之前的分析,我们会发现,人权保障环节不仅是刑事打击未成年人犯罪案件的终点,同时也是犯罪未成年人社会化或再社会化的起点,人权保障是这一问题的"命门"。可以认为,人权保障本身是一个重要的问题,同时也是解决之后一系列问题的关键。故此,实现人权保障上的突破是解决目前"互动性刺激"问题的当务之急。

---

① 《三中全会首提人权司法保障》,《深圳晚报》2013年11月15日第A3版。

第十七章　从雷横看宋代监狱制度

雷横是梁山第二十五条好汉,步军头领第四位,星号为"天退星",外号"插翅虎"。《水浒传》第十三回对其出场进行了描写:"身长七尺五寸,紫棠色面皮,有一部扇圈胡须。为他膂力过人,能跳二三丈阔涧,满县人都称他为插翅虎。原是本县打铁匠人出身,后来开张碓坊,杀牛放赌。虽然仗义,只有些心匾窄。也学得一身好武艺。"① 可见,雷横其人,打铁出身,学了一身好武艺。虽然仗义,但心胸有些褊窄,在担任步兵都头期间,徇私枉法的事情做了不少,可以说是名副其实的污吏。

一　"雷都头"狱中的特殊经历

雷横出场之时恰逢郓城县新任知县时文彬上任,新官上任三把火,时知县要求加强县里治安工作,让步兵都头雷横和马兵都头朱仝夜里带兵在县里巡逻。雷横巡逻期间,在灵官殿遇到了酣睡的刘唐,在晁盖谎称刘唐是其多年未见的外甥的情况下,雷横借权力寻租,私放刘唐并收下了晁盖赠送的十两银子。而在晁盖智取生辰纲后,雷横和朱仝奉命追捕,又私自将晁盖放走。宋江杀阎婆惜后,雷横奉命追捕,再次和马兵都头朱仝一起放走宋江。而导致其丢官的关键在于,他的

---

① (明)施耐庵、罗贯中:《水浒传》(上),人民文学出版社1997年版,第172页。

第十七章 从雷横看宋代监狱制度

母亲遭白秀英侮辱,一气之下,雷横用枷板打死了白秀英,故被打入死牢。当时,雷横曾经的同事朱仝,已经到监狱里面工作,在雷横进监狱后,为其上下打点,后来在押送雷横流放沧州的路上将其半路放走,为其顶罪。《水浒传》第五十一回描写道:"当牢节级却是美髯公朱仝,见发下雷横来,也没做奈何处,只得安排些酒食管待,教小牢子打扫一间净房,安顿了雷横。少间,她娘来牢里送饭,哭着哀告朱仝道:'老身年纪六旬之上,眼睁地只看着这个孩儿。望烦节级哥哥可看日常间弟兄面上,可怜见我这个孩儿,看觑看觑。'朱仝道:'老娘自请放心归去。今后饭食不必来送,小人自管待他。倘有方便处,可以救之。'雷横娘道:'哥哥救得孩儿,却是重生父母。若孩儿有些好歹,老身性命也便休了!'朱仝道:'小人专记在心,老娘不必挂念。'"① 单就雷横在狱中的经历来看,似乎宋代监狱已经实现了高度的现代化、文明化,能够给予监押人员以人道待遇,但这只是朱仝利用职权的特殊优待,而其他服刑人则没有如此的待遇。

其监狱管理制度的残酷性体现最为典型的就是林冲、宋江的服刑经历。林冲在刺配沧州牢城后,"却有那一般的罪人,都来看觑他,对林冲说道:'此间管营、差拨十分害人,只是要诈人钱物。若有人情钱物送与他时,便觑的你好;若是无钱,将你撒在土牢里,求生不生,求死不死。若得了人情,入门便不打你一百杀威棒,只说有病把来寄下;若不得人情时,这一百棒打得七死八活'"。② 宋江初见戴宗之时,戴宗并不认识宋江,故张口大骂:"你这矮黑杀才!倚仗谁的势要,不送常例钱来与我?"宋江反驳道:"人情,人情,在人情愿。你如何逼取人财,好小哉相!""两边看的人听了,倒捏两把汗。那人大怒,喝骂:'贼配军,安敢如此无礼,颠倒说我小哉!那兜驮的,与我背起

---

① (明)施耐庵、罗贯中:《水浒传》(下),人民文学出版社1997年版,第681—682页。
② (明)施耐庵、罗贯中:《水浒传》(上),人民文学出版社1997年版,第130页。

来,且打这厮一百讯棍!'"① 由此可见,宋代监狱管理过程中存在着诸多弊政,其核心问题大致可归为狱卒索贿与滥用酷刑。犯人一进监狱,就需要向狱卒行贿以换取自身的相对安全,如若满足不了狱卒的贪欲,那将遭受严厉的肉刑处罚。

二 宋代监狱制度的发展

监狱是社会文明的窗口,作为一个特殊的场域,在某种程度上是一个社会的缩影,通过监狱制度与监狱内的文化现象可以了解宋代社会发展状况,而宋代监狱制度自然师承前代,故有必要对宋代以及宋代之前的监狱制度进行梳理。

(一) 宋代之前监狱制度的发展状况

自有人类社会,监狱就已经存在。夏朝存在类似监狱的机构,称为"圜土"。商朝时,中央最高司法官称作"司寇",也是最高治狱官,地方司法官吏沿用夏制,称"士"或者"蒙士",监狱也被称为"圜土",现在位于河南省安阳市汤阴县的羑里城遗址就是我国最早的监狱。西周监狱建立了较完善的管理制度,其也被称为"圜土"。《周礼·地官·比长》郑玄注:"圜土者,狱城也。狱必圜者,规主仁,以仁心求其情,古之治狱,闵於出之。"《尔雅·释名·释宫室》记载:"狱又谓圜,言筑土表墙,其形圜也。"圜土收监的犯人,并不仅是关押收监而已,而且还从事劳动,即白天根据在押者的技能强迫其劳役,夜晚关进圜土。

在战国时代,刑罚制度的兴起是随着时代的发展而发展的。劳役司中有大批的刑徒,他们被称作"徒隶""胥靡",承担着各种各样的劳役。其对犯人的管束十分森严,不但要在监工的监督下干活,还必

---

① (明)施耐庵、罗贯中:《水浒传》(上),人民文学出版社1997年版,第493页。

第十七章 从雷横看宋代监狱制度

须佩戴刑具,根本没有自由可言。我国封建社会的狱政体制在秦汉时期初步成形,在隋唐时期趋于成熟,在随后的几个朝代中仍有一定的发展。

秦汉时期,不但有广泛的设狱,而且有了比较完备的狱政体系。秦律详细规定了犯人的衣裳和食物、囚犯的劳役行为,并对囚犯懈怠或抗拒的行为给予惩罚作出了规定。[1] 至汉代,我国的狱政进一步完善,并深刻地影响了后来的狱政发展。比如囚徒制度,就是将囚犯关进监狱,然后进行有效的关押,这个制度又分为镣铐制度、看守制度、点视制度,从关押囚犯开始,一直到日常管理,都有非常详细的规定。再如怜悯制度,这是一种宽大处理,不让囚犯受到官吏的虐待,保障他们的基本生活。《汉书·志·刑法志》中记载了矜老怜幼的恤刑原则、孕妇缓刑制、听妻入狱和纵囚还家等。在看管体制方面,因为女性自身的特殊性,女性罪犯被给予了较好的监禁待遇。孕妇因犯罪而被监禁时,可不戴监牢用具,按法律规定,待产后再被判刑。"听妻入狱",具体指的是对被判处死刑而且没有子嗣的囚犯,在行刑前允许其妻子入狱共度最后时光,甚至有些情况下,如果妻子在狱中怀有子嗣,则死刑犯会延缓执行死刑,直到孩子出生。这一制度体现了当时社会对子嗣繁衍的重视,以及对死刑犯的人文关怀。所谓纵囚还家,就是在每年的腊月和一些特殊的日子里,暂时释放囚犯归家,限期自动归狱,这是皇帝对犯人的一种恩赐。汉代的狱政体制,可以用"外儒内法""外柔内刚"来形容。但其在羁押、怜囚、录囚等方面的发展,却是后世各个朝代日益完善的监狱体系的基石。

隋唐时期,在前代的基础上,监狱制度趋于成熟,奠定了古代社会国家监狱制度的基本面貌。唐代的监狱实行分押分管,"贵贱、男女

---

[1] 万安中:《中国封建社会前期监狱制度演化探究》,《安徽大学学报》(哲学社会科学版) 2005 年第 5 期。

异狱"。① 为了保障监狱安全，唐朝统治者规定了种种严格的制度，犯人入狱时，视案情决定应戴的刑具枷、木丑、钳、锁等，以防脱逃。② 为了防止监内外勾结，串通翻供和接应脱狱，同时也为了防止罪犯以金钱财物贿赂狱吏，唐代规定了入狱禁止携带的物品。③ 为了严禁囚人携带"禁物"入狱，《唐律疏议·断狱》规定："诸以金刃及他物，可以自杀及解脱，而与囚者，杖一百；若以故逃亡及自伤、伤人者，徒一年；自杀、杀人者，徒二年；若因本犯流罪以上，因得逃亡，虽无伤杀，亦准此。"④ 此外，为了起到震慑作用，对于破坏和危及禁囚制度的行为，如劫囚、越狱等，法律做出了极为严厉的处罚规定："诸劫囚者，流三千里；伤人及劫死囚者，绞；杀人者，皆斩。"对囚犯越狱，唐律规定："诸被囚禁，拒捍官司而走者，流二千里；伤人者，加役流；杀人者斩，从者绞。若私窃逃亡，以徒亡论。事发未囚而亡者，亦同。"⑤ 除了囚犯，唐代法律也规定了狱官的法律责任，从管理者的角度加强安全制度。如果发生失囚，对看管者给予严厉处分，"诸主守不觉失囚者，减囚罪二等；若囚拒捍而走者，又减二等。皆听一百日追捕。限内能自捕得及他人捕得，若囚已死及自首，除其罪；即限外捕得，若囚已死及自首者，各又追减一等"⑥。在械具的使用上，唐代实现了精细化的区分，身份的高低贵贱与罪行轻重都对应不同规定。

（二）宋代监狱管理制度的健全与强化

宋代监狱制度大致沿袭唐代规定。本部分择取几处关键进行分析。

其一，立法规范日益丰富，且内容十分详细。宋代监狱立法主要

---

① （唐）李林甫等撰：《唐六典》，陈仲夫点校，中华书局1992年版，第502—504页。
② 邵治国：《唐代监狱制度述要》，《河北师范大学学报》（哲学社会科学版）2004年第6期。
③ （唐）李林甫等撰：《唐六典》，陈仲夫点校，中华书局1992年版，第504页。
④ （唐）长孙无忌等撰：《唐律疏议》，刘俊文点校，中华书局1983年版，第546页。
⑤ （唐）长孙无忌等撰：《唐律疏议》，刘俊文点校，中华书局1983年版，第537页。
⑥ （唐）长孙无忌等撰：《唐律疏议》，刘俊文点校，中华书局1983年版，第539页。

存在于《宋刑统》的《捕亡律》和《断狱律》之中，[①] 其内容主要涉及监内系囚，意即追捕逃亡罪人、狱官狱卒责任等。其中，《捕亡律》规定"将吏追捕罪人不行及逗留""罪人持杖拒捍""流徙罪人逃亡""主守不觉失囚"等条，确定了追捕逃犯所产生的各种刑事责任，以及狱官和狱卒应承担的刑事责任。如受命追捕逃犯的文武官吏和将士，不尽力追捕要承担刑事责任；流徙罪人逃亡，主守官员要承担刑事责任；看守官员失职让被禁之囚逃走的，要承担刑事责任；知情藏匿犯人的，使其得以隐蔽的，要承担刑事责任。然而，《断狱律》关于监狱制度的内容较多，如"应囚禁枷锁杻""与囚金刃等令自杀及得解脱者""受囚财教导令翻异""囚应请给衣食医药""不合拷讯者取众证为定""决罚不如法"等门中的条文，具体而言，就是关于系囚狱具、囚食、囚衣、囚病、讯囚、拷囚以及纵囚解脱、翻供、逃亡、自杀等内容。[②]

宋代监狱立法形式多样，如宋代的配隶之制是一种强迫犯人在边陲及海岛中服役的制度，在服役之前，必须用棍棒和刺青来减轻死刑的惩罚，即所谓的"杀威棒"。徽宗时的《政和编配格》按罪行的轻重分为"情重""稍重""情轻""稍轻"四个等级来配编处置办法。以上种种，反映了宋代狱政的变迁。宋朝政府也以"编敕"的方式，强化了对"强盗"的打击力度。对于"贼盗"死刑犯的家属强制收容、窝主流放偏远劳改等问题，都有具体的规定。

其二，戒具运用逐步规范化。首先，宋承唐制，其内容基本相同，但宋代规定得更详细，刑具以及形制都有相应的规定，如宋代的正规狱具主要有枷、杻、盘枷、钳、锁五种，各种刑具的长短和轻重标准不同。例如，枷长五尺至六尺，颊长二尺五寸至二尺六寸，阔一尺四至一尺六

[①] 陆仁茂：《从〈水浒传〉看宋代的狱政制度》，《广东开放大学学报》2019年第3期。
[②] 陈洁：《宋代监狱制度探析》，硕士学位论文，西南政法大学，2010年。

寸，经三至四寸。① 用于束颈的枷，其重量分为二十五斤、二十斤、十五斤三种，分别给死罪囚、流罪囚和杖罪囚使用。② 锁这种刑具主要适用于脚部位，钳则适用于颈部，只不过钳在宋代的运用已经不再广泛，相比较而言，正如《水浒传》中的描述一样，在戒具的运用上还是以枷为多，尤其是对于反抗性较强的囚犯，用枷能起到控制与惩罚的双重效果。其次，戒具开发呈现出类型化的特色，戒具的运用要分情况进行，充分考虑犯罪人的身份地位、身体情况、罪行轻重。如《水浒传》第四十九回中，解珍、解宝被囚于登州大牢，像解珍、解宝这种青壮年重刑犯，且没有所谓相对高贵的身份，通常而言就只能戴二十五斤的"重枷"，《水浒传》所描述的枷的运用，基本上符合宋代的戒具制度。

第三，监禁的分类体系逐步完善。中国古代的监狱有拘禁监和劳役监两种形式。其中的"劳役"就是"白天干活，晚上关押"的意思。早期的狱政，与五种刑罚有着密不可分的联系。奴隶制五刑是一种以"断肢体、刻肌肤"为特点的肉体刑罚，这一体制注定了以监禁、劳役为主要职能的狱制不可能发展完善。隋代建立起封建五刑，使刑期、流刑等都得到了规范。唐朝也是如此，而且还增加了额外的劳役制度，与之前相比，犯人要多服两年的劳役。在隋唐时代，我国的狱制主要是以羁押为主体，以劳役为辅助。而到了宋代，刺配刑被广泛使用，因此，劳役监也得到了很大的发展，并逐渐形成了一套完整的劳役监体系，羁押和分类监禁制度是该体系的一个重要特征。

三 宋代狱政实践的残酷黑暗

单就法律规定而言，在许多地方都能看出统治者的仁慈，可圈可点。然而，真正的监狱政策是什么？在古代，监狱一直被世人称作

---

① 王云海主编：《宋代司法制度》，河南大学出版社1992年版，第365页。
② （清）徐松：《宋会要辑稿》，中华书局1957年版，第6732页。

"恶地"。它是最黑暗,也是最腐败的地方,是统治阶级迫害人民的地方。宋代监狱制度的发展有其进步性,在某种程度上而言也是封建时代监狱制度发展的代表性时期,但我们从一个历史发展的角度观察会发现,宋代监狱制度本身存在较多弊端,呈现出糟粕的监狱文化。

(一) 牢头狱卒索贿成风

监狱因其相对封闭性,往往能发展出一定的监狱文化,宋代监狱文化中很重要的特点之一便是牢头狱卒对犯人的索贿问题。《水浒传》对这种现象有着诸多的描写,尤其是其中的索贿已形成了一套程序,即罪犯到监狱后,都会遭到监管人员的拷打威胁,"你是新到犯人,太祖武德皇帝留下旧制,新人配军,须吃一百杀威棒"。若犯人能够明白其意思必须回答:"小人于路感冒风寒,未曾痊可,告寄打",由此则能免除一顿毒打。林冲、武松、宋江三人因犯案先后入狱的经历,都生动地体现了这种索贿的潜规则。如《水浒传》第九回中,林冲刺配沧州牢城后,狱中囚徒告诉他:"此间管营、差拨十分害人,只是要诈人钱物。若有人情钱物送与他时,便觑的你好;若是无钱,将你撒在土牢里,求生不生,求死不死。"① 这种潜规则的设定在某种程度上已成为一种公开化的文化现象,既不会有人质疑,也不会有人反抗,更不会有人改变,任何不遵守这个规则的人,都会受到惩罚。

(二) 酷刑滥杀问题屡禁不止

无视律法,暗中杀害囚犯,这是宋朝监狱黑暗腐败的突出表现。宋朝的律法虽然不允许刺杀,但如果是因为贿赂或其他原因导致囚犯死亡,是要负刑事责任的。如《宋刑统·断狱律》规定:"诸主守受囚财物,导令翻异,及与通传言语,有所增减者,以枉法论","诸囚应请给衣食医药而不请给,及应听家人入视而不听,应该脱去枷、锁、

---

① (明)施耐庵、罗贯中:《水浒传》(上),人民文学出版社1997年版,第130页。

杻而不脱去者，杖六十；以故致死者，徒一年。即减窃囚食，笞五十；以故致死者，绞"。但实际上，这些狱卒仍然我行我素。犯人在监牢中，不受法律保护，可以不受盘问而被秘密处死。《水浒传》第二十八回写道，武松刚到孟州牢城，就听到众囚徒谈到这里的狱吏使用盆吊、土布袋等酷刑折磨囚犯致死的情形。众囚徒道："他到晚把两碗干黄仓米饭，和些臭鲞鱼来与你吃了，趁饱带你去土牢里去，把索子捆翻，着一床干藁荐把你卷了，塞住了你七窍，颠倒竖在壁边，不消半个更次，便结果了你性命。这个唤做盆吊。"① 另一种方法是："也是把你来捆了，却把一个布袋，盛一袋黄沙，将来压在你身上，也不消一个更次便是死的。这种唤土布袋压杀。"② 但问题是，如果没有一套有效的监管机制作为保障，这些法规也就是纸上谈兵。施耐庵、罗贯中等熟谙宋朝律法的人，将狱吏收受贿赂，随意处死犯人的种种弊端公之于众，其目的就是要探求律法成为一纸空文的根本原因。《水浒传》力图描绘监狱的阴暗，将监狱的黑暗揭发出来。

四 当前我国监狱现代化建设的成就

鸦片战争后，中国逐渐成为半殖民地半封建社会，在国家主权不断被外来势力掌控、操控的情况下，司法独立、自治能力逐渐丧失。当时清政府的司法官员已经意识到封建监狱的弊政，试图通过改革解决这一问题，但此时的清朝已经病入膏肓，历史并未留下足够的时间给其自我更新，清王朝就在辛亥革命的炮声中灭亡了，新政不了了之。而之后的中华民国时期，由于国家长期处于分裂与战争的局面，且当政者腐败无能，以至于监狱建设并无新展。等到中华人民共和国成立后，旧貌换新颜，对监狱进行了系统性改造，形成了监狱管理新局面。

---

① （明）施耐庵、罗贯中：《水浒传》（上），人民文学出版社1997年版，第369页。
② （明）施耐庵、罗贯中：《水浒传》（上），人民文学出版社1997年版，第369页。

（一）中华人民共和国成立后的人道主义监狱建设

中华人民共和国成立以后，在中国共产党领导下的中国人民推翻了旧有的社会制度，建立了新的社会主义制度，使监狱事业进入了一个新的发展阶段。自中华人民共和国成立至 20 世纪 80 年代初，我国近代监狱建设的脚步是在艰辛中前进的，也是在坎坷中走向文明的。其特点表现在两个方面。

一是注重对罪犯的劳动改造。把马克思主义的国家观、法律观和刑罚观作为指导思想，根据苏联的实践和中国的实际情况，建立了新的"劳改"体系。

二是严格遵守法治要求，给予罪犯人道主义待遇。我国革除了旧社会监狱弊政，建立一系列的现代监狱管理制度，尤其是在对战犯的管理中，没有因为战犯曾犯下严重罪行就施以酷刑虐待，而是对其日常吃、穿、住、医、学习等活动继续给予充分保障。

（二）新时期法治化监狱建设

1994 年，第一部监狱法典《中华人民共和国监狱法》正式颁布实施。新法律的出台，标志着法治化监狱建设进入新的阶段，法治化监狱建设是新时期监狱工作的核心，在监狱工作中具有十分重要的意义。法治是现代国家治理的基本原则和核心价值，也是建设法治化监狱的根本保障。法治化监狱是以宪法为依据，以法律为准绳，严格遵守法律法规、规章，以保障人权为目的，通过建立科学的管理制度和运行机制，达到维护社会稳定、促进社会公平正义、保障人权、防止犯罪发生等目的的监狱。新时期法治化监狱建设主要表现在监狱执法的法治化、罪犯改造的法治化和监狱管理的法治化。

1. 监狱执法的法治化

监狱执法的法治化要求监狱工作人员严格遵守法律法规、规章和国家有关政策，坚持公正文明执法，在执法活动中体现法律精神、规则意识和程序意识。具体而言，应做到：一是严格规范执法，在法律范围内行使权力，严禁违法滥用权力；二是文明执法，尊重罪犯人格尊严，不虐待、侮辱、体罚罪犯；三是严格依法办事，严格按照法定的执法程序执行刑罚；四是公平公正地对待罪犯的合法权益，严禁随意扩大减刑、假释适用范围或者降低减刑、假释条件；五是强化监督制约机制，进一步完善执法监督体系；六是加强监狱信息化建设，实现监狱执法公开透明。

2. 罪犯改造的法治化

罪犯改造的法治化指的是监狱对罪犯实施法律上的惩罚，而不是刑罚执行。根据《中华人民共和国监狱法》第二条、第十五条、第十六条，对罪犯实施惩罚的机关是监狱，而不是公安机关或者人民法院。公安机关、人民法院对罪犯实施惩罚必须依照法律规定的程序进行。具体到罪犯改造工作，根据《中华人民共和国监狱法》第五章对罪犯教育改造的规定，教育改造的基本内容包括：思想道德教育、文化技术教育、生产劳动教育和职业教育。这四个方面的内容具有有机的统一性，它们之间相互配合、相互促进，共同作用于罪犯改造，才能保证罪犯改造的法治化。这就要求有关人员在罪犯改造工作中应当坚持依法执行、依法管理、依法教育、依法保障罪犯的合法权益。

3. 监狱管理的法治化

监狱管理的法治化主要包括两个方面：一是监狱内部管理的法治化，包括监狱对罪犯的监管、教育、劳动、医疗和生活保障等管理方面的法治化；二是监狱与外部关系的法治化，包括对罪犯在监内与在社会生活中的权利、义务以及权利和义务之间关系的法治化。这些管理方面的法治化，最终目的都是促进监狱管理工作更好地实现法治。

新时期，我国监狱工作应在法治的引领下，遵循依法治国、依法治监的理念，不断健全执法机制、完善法律法规，加强监狱民警队伍建设，提高民警的执法能力和水平，增强民警的法治意识，促进监狱工作的法治化建设。

参考文献

一 著作类

戴建国：《宋代刑法史研究》，上海人民出版社2008年版。

邓子滨：《中国实质刑法观批判》，法律出版社2009年版。

费孝通著，[美]玛格丽特·派克·雷德菲尔德编：《中国士绅：城乡关系集》，赵旭东、秦志杰译，生活·读书·新知三联书店2021年版。

高铭暄、马克昌：《刑法学》（第五版），北京大学出版社、高等教育出版社2011年版。

龚延明编著：《宋代官制辞典》，中华书局1997年版。

顾迁注译：《尚书》，中州古籍出版社2017年版。

黄立、朱永年、王水明主编：《未成年人犯罪专题研究》，法律出版社2014年版。

瞿同祖：《中国法律与中国社会》，商务印书馆2010年版。

吕友仁、李正辉、孙新梅注译：《周礼》，中州古籍出版社2018年版。

彭勃、龚飞主编：《中国监察制度史》，中国政法大学出版社1989年版。

钱穆：《中国历代政治得失》，生活·读书·新知三联书店2001年版。

上海社会科学院政治法律研究所编：《宋史刑法志注释》，群众出版社1979年版。

（明）施耐庵、罗贯中：《水浒传》（上、下），人民文学出版社1997年版。

王启富、陶髦主编：《法律辞海》，吉林人民出版社1998年版。

吴振兴：《论教唆犯》，吉林人民出版社 1986 年版。

俞荣根：《儒家法思想通论》，广西人民出版社 1992 年版。

张晋藩主编：《中国古代监察法制史》（修订版），江苏人民出版社 2017 年版。

张晋藩总主编：《中国法制通史》，法律出版社 1999 年版。

张利兆主编：《未成年人犯罪刑事政策研究》，中国检察出版社 2006 年版。

赵世瑜：《吏与中国传统社会》，浙江人民出版社 1994 年版。

周长军、王胜科主编：《恢复性正义的实现——恢复性司法的理论维度与本土实践》，山东人民出版社 2010 年版。

［意］切萨雷·贝卡里亚：《论犯罪与刑罚》，黄风译，北京大学出版社 2008 年版。

二　论文类

陈文清：《牢固树立总体国家安全观在新时代国家安全工作中的指导地位》，《求是》2019 年第 8 期。

陈兴良：《间接正犯：以中国的立法与司法为视角》，《法制与社会发展》2002 年第 5 期。

陈永生：《刑事诉讼法再修改与犯罪率》，《河南省政法管理干部学院学报》2010 年第 4 期。

何忠礼：《论宋朝政府对民变的非军事对抗性策略》，《浙江大学学报》（人文社会科学版）2014 年第 3 期。

洪海安：《论"丹书铁券"的渊源与形制》，《社会科学家》2010 年第 1 期。

黄鹏：《盗窃、侮辱尸体罪的立法考察与建议》，《人民检察》2009 年第 9 期。

黄修明：《宋代孝文化述论》，《四川大学学报》（哲学社会科学版）2002 年第 4 期。

江凌燕：《古今正当防卫制度比较》，《人民论坛》2013 年第 2 期。

荆月新：《乡村振兴的法治之维及其展开》，《东岳论丛》2023 年第 8 期。

柯良栋：《谈谈修改刑事诉讼法必须高度重视的几个问题》，《法学家》2007 年第 4 期。

孔学：《论宋代律敕关系》，《河南大学学报》（社会科学版）2001 年第 3 期。

孔学、李民乐：《宋代全国性综合编敕纂修考》，《河南大学学报》（社会科学版）1998 年第 4 期。

李恩慈：《论正当防卫制度的历史起源》，《首都师范大学学报》（社会科学版）1999 年第 3 期。

李正新：《总体国家安全观的刑法实践理性思考》，《政法论丛》2021 年第 6 期。

吕志兴：《宋代法律体系研究》，《现代法学》2006 年第 2 期。

施慧玲：《少年非行防治对策之新福利法制观——以责任取向的少年发展权为中心》，《中正大学法学集刊》1998 年第 1 期。

田小龙：《论中国农业社会治理的伦理基础：纲常伦理》，《武汉科技大学学报》（社会科学版）2023 年第 4 期。

吴宗宪：《强化未成年人犯罪案件审判中法庭教育效果的若干探讨》，《青少年犯罪问题》2014 年第 4 期。

武树臣：《中国的"混合法"——兼及中国法系在世界的地位》，《政治与法律》1993 年第 2 期。

习近平：《坚持把解决好"三农"问题作为全党工作重中之重 举全党全社会之力推动乡村振兴》，《求是》2022 年第 7 期。

肖常纶、应新龙：《谋遣·教令·教唆·造意》，《法学》1984 年第 3 期。

闫建飞：《五代宋初兵马都监的演进与地方武力的整合》，《学术研究》2020 年第 9 期。

杨芹：《宋代敕榜研究》，《中华文史论丛》2017年第3期。

周子星：《以法治思维为核心的大学生诉求表达引导规范研究》，《青少年犯罪问题》2023年第5期。

［加］查尔斯·泰勒：《原子论》，曹帅译，《政治思想史》2014年第2期。

后　　记

　　本书是山东师范大学马克思主义学部2023年度马克思主义理论学科资助校内相关学科出版学术著作项目的结项成果。

　　时光荏苒，岁月在不经意间来到了今日，而回想十五年前，还在上小学的孩子问我可不可以读水浒，因着"少不读水浒"的老话，基于对孩子负责的考虑，我再次研读了水浒，以确定要不要让孩子去读。这次的研读不再是沉浸于情节人物，而是透过故事去看对青少年带来的影响。发现原著中有些酣畅淋漓的描述，实则是在宣扬暴力；一些形象生动的英雄人物，实则是无视律法、草菅人命的暴徒；一些劫富不是为了济贫，而是为了满足"大碗吃肉，大口喝酒，论秤分金银"的私欲……最终还是没有推荐孩子读这本书。私以为年幼的孩子是非观念意识还不强，很容易为作者对书中人物的推崇偏爱所感染，进而以书中的"英雄"为榜样，走入歧途。

　　不推荐孩子读，但内心很有遗憾。遗憾的原因首先是这部书里有很多对封建制度的揭露和批判，对底层人民反抗封建强权的颂扬，有很多体现真善美的内容，这些都有助于青少年树立正确的历史观、价值观。最主要的是这部书有助于提高青少年的文学素养。《水浒传》之所以成为四大名著，在于其文学艺术上焕发的光辉和超高成就。这部书采用现实主义写法，以达官贵人、贩夫皂隶、市井小民的人生百态为题材，情节生动、曲折，语言简练、明快，书中塑造的英雄人物个性鲜明，丰满立体，这些都是值得青少年学习和借鉴的。于是就想到

后 记

怎样打破"少不读水浒"的魔咒，让青少年能够感受《水浒传》魅力，又不会受到不良的绿林文化的影响，于是就有了写这本书的初衷。

2022年秋，山东大学毕业的韩晗博士入职山东师范大学法学院，在交流过程中对我的想法表示认同，于是产生了合作完成本书的想法，并于2023年正式着手写作。

这本书最终能够完成，离不开很多人的帮助和支持，要感谢的人很多。感谢山东师范大学马克思主义学部，慧眼识珠，认可本书对青少年法治思维养成的积极影响，慷慨资助本书的出版，使得著者没有后顾之忧，得以专注地完成书稿。感谢中国社会科学出版社许琳老师在图书出版过程中的耐心指导与大力帮助，使得本书能够最终付梓。

感谢作者的领导和同事们。法学院院长荆月新教授、吕芳教授对作者的写作非常支持，并提出很多建设性的建议，同事商玉玺教授、王芳教授给予著者出版方面的很多信息和联系帮助。

特别感谢山东师范大学法学院的学生们，这些可爱的学生给了著者很多灵感和事务性的帮助。十五年前，在研究生法律史的课程中，选课的学生张广芳、陆杰、李景东等同学，对著作者的思路兴趣浓厚，于是有了宋代部分以《水浒传》为教学和研究蓝本，对水浒天罡人物客观剖析的前期开端。在本书成稿关键期内，王凯杰、薛德蒙、邹建南、王淑燕、马晓妍、王怀峰、王楠、田禾、蒋浩、杨泽坤、朱一璇等硕士同学积极参与本书的资料收集、整理、校对等工作。愿各位同学在未来的生活中一切顺利！

限于我们的认识水平和写作能力，书中的一些观点肯定存在着诸多的不足，敬请各位专家读者不吝指正。

不忘之心，方得始终，唯愿著者的初心能够实现！

2024年3月16日于济南